AS LEIS DA
MISSÃO

RYUHO OKAWA

AS LEIS DA MISSÃO

DESPERTE AGORA
PARA AS VERDADES
ESPIRITUAIS

℞ IRH Press do Brasil

Copyright © 2017 Ryuho Okawa
Título do original em inglês: *The Laws of Mission — Essential Truths For Spiritual Awakening in a Secular Age*
Título do original em japonês: *Dendō no Hō*

Tradução para o português: Happy Science do Brasil
Coordenação editorial: Wally Constantino
Revisão: Francisco José M. Couto, Laura Vecchioli
Diagramação: Priscylla Cabral
Capa: Maurício Geurgas
Imagem de capa: IRH Press Japão

IRH Press do Brasil Editora Limitada
Rua Domingos de Morais, 1154, 1º andar, sala 101
Vila Mariana, São Paulo – SP – Brasil, CEP 04010-100

Todos os direitos reservados.
Nenhuma parte desta publicação poderá ser reproduzida, copiada, armazenada em sistema digital ou transferida por qualquer meio, eletrônico, mecânico, fotocópia, gravação ou quaisquer outros, sem que haja permissão por escrito emitida pela Happy Science – Ciência da Felicidade do Brasil.

ISBN: 978-85-64658-28-8

Sumário

Prefácio 9

Mensagem a você 1: *Desperte para o verdadeiro mundo* 11

CAPÍTULO UM
Viver na era da mente
O poder da mente que faz a vida reluzir dourado

1. A sociedade atual não sabe mais o que é a mente 15

2. O passado, o presente e o futuro podem ser mudados com o poder da mente 19

3. Orientações para as pessoas de hoje que não sabem como dirigir a mente 27

4. Viva causando uma autotransformação todos os dias 35

5. De que maneira extrair o melhor da mente e viver com o máximo de proveito 42

CAPÍTULO DOIS
Como ser uma pessoa cativante
A força que transforma até mesmo seus maiores críticos em seus fãs

1. Desenvolver essa característica é um tema de peso............. 47
2. Os cuidados na hora de elogiar.. 48
3. Cada indivíduo é visto pela perspectiva pública
   e pela pessoal... 52
4. Exemplos do que fazer para ser odiado 57
5. O que é necessário para se tornar uma pessoa cativante?......... 64
6. Características das pessoas cativantes 73

Mensagem a você 2: *O que é o trabalho missionário?*............... 77

CAPÍTULO TRÊS
O ponto de partida para trazer felicidade à humanidade
A importância da religiosidade e da fé

1. Por que a religiosidade e a fé são importantes?.................... 81
2. As duas direções que separam o bem e o mal 91
3. Pensar nas questões políticas do ponto de vista
   da religião 98
4. Proporcione a chance da salvação e a oportunidade
   de iluminação por meio da difusão 106
5. Como permanecer ativo por toda a vida............................ 116

Mensagem a você 3: *Se ao menos você tiver uma fé da espessura de uma teia de aranha...* 124

CAPÍTULO QUATRO
O poder dos milagres capaz de transformar esta era

A religião e a política que podem superar um período de crise

1. A Happy Science começa a atuar em diversas frentes 127
2. A comprovação do outro mundo está ocorrendo em tempo real 132
3. O alerta que vem dos deuses sobre a crise 140
4. O estado ideal da política japonesa 147
5. Japão, desperte! 155

CAPÍTULO CINCO
Despertar para o poder da misericórdia

Que o amor chegue até o coração de tantas pessoas quantas possível

1. A resposta definitiva que colocará um ponto final nas guerras religiosas 163
2. O ensinamento do amor proporciona a compreensão mútua 167
3. O saber conduz à salvação 174
4. Desperte para o poder da misericórdia que reside em você 181

Mensagem a você 4: *A diferença entre terrorismo e revolução...* 191

CAPÍTULO SEIS
Um mundo no qual podemos acreditar
Você também possui a Luz para tornar o mundo feliz

1. Mude o mundo por meio da revolução da felicidade 195
2. O que é preciso para viver em "um mundo no qual podemos acreditar"? 199
3. A fé é algo que você deve receber e sentir de corpo e alma 208
4. Almeje o destino final, que é crer por completo 213

Mensagem a você 5: *Quando rompemos a parede, tudo se torna luz* 217

Posfácio 219
Sobre o autor 221
Sobre a Happy Science 225
Contatos 227
Partido da Realização da Felicidade 232
Universidade Happy Science 233
Filmes da Happy Science 236
Outros livros de Ryuho Okawa 239

Prefácio

Poucas pessoas têm consciência de que estão trilhando os tempos da luz, porque o mundo de hoje está repleto de catástrofes e infelicidades. No entanto, por isso mesmo digo a você: "Agora é a hora". Quando a humanidade está se debatendo no mais profundo sofrimento, é neste momento que Deus está mais presente.

As *Leis da Missão* foram, de fato, pregadas. Estas são também as *leis da salvação* e, ao mesmo tempo, as *leis do amor*, as *leis do perdão* e as *leis da verdade*. Aqui estão as respostas para suas dúvidas. Construa um túnel para perfurar a montanha da teoria.

Ryuho Okawa
Dezembro de 2016

Mensagem a você 1
Desperte para o verdadeiro mundo

Visto pelo verdadeiro mundo,
Este mundo é exatamente o oposto.
Olhar este mundo com seus olhos
É exatamente como olhar sua imagem
Na superfície de um lago
E achar que é você mesmo.
O mundo que você enxerga
Não é o verdadeiro mundo.
Não passa do mundo que está à sua frente,
Refletido no lago.

Em outras palavras,
Você precisa saber que
O mundo que considera ser a realidade e a verdade
Não passa de uma imagem refletida,
Que imita o verdadeiro mundo.

Você não acha que as cenas dos filmes
São realidade, não é mesmo?
Da mesma forma,
Aos olhos dos seres do verdadeiro mundo,

• As leis da missão •

Que estão observando
Aqueles que vivem neste mundo,
Sua vida na sociedade ou como estudante
Parece um filme.
É um mundo de ficção que imita a realidade,
E este mundo de ficção é exatamente
O próprio mundo em que você vive.

O mundo que você acha ser o verdadeiro
Não é o verdadeiro;
E o mundo que você ouviu falar
Apenas nos contos, lendas e nas religiões,
Que você acredita ser uma miragem,
É, na realidade, o verdadeiro mundo.

Extraída da palestra "Como ser uma pessoa desperta".

Capítulo 1

Viver na era da mente

~· O poder da mente que faz
a vida reluzir dourado ·~

1

A sociedade atual não sabe mais o que é a mente

O senso comum da era moderna considera que a mente é parte do cérebro

Experimentei intitular este capítulo "Viver na era da mente", pois considero que, para quem entra em contato com a Verdade pela primeira vez, isso facilita a compreensão do tema.

O primeiro estágio da missão da religião está, de fato, neste aspecto: ela deve começar sendo capaz de transmitir os assuntos da mente. As religiões abordam diversos temas difíceis, mas creio que a maioria das pessoas não consegue chegar ao nível de compreendê-los.

No entanto, vejo que nas novelas da tevê afirmam, sem peso na consciência, que a mente é uma parte do cérebro; por isso, creio que este entendimento está se tornando o senso comum.

Seguindo nessa linha, fico sem saber dizer se a medicina é algo benigno ou maligno. Será que, à medida que os médicos diagnosticam uma pessoa, eles passam a ter a impressão de que estão manejando um computador? Parecem se comportar assim e afirmam: "Esta parte é a mente".

Sem dúvida, quando se danifica o cérebro, suas funções são afetadas e, desse modo, os médicos podem encará-lo como uma máquina. Essa seria a "visão mecanicista do ser humano". E essa ideia está se propagando amplamente.

Eles adotam um ponto de vista analítico, de separar as coisas em partes. Colam na cabeça eletrodos que emitem estímulos para investigar a reação que obtêm e concluem algo como "nesse caso, acontece isso".

No entanto, nós não conseguimos ter esta visão. Se começarmos a ver as coisas dessa maneira, creio que diversos valores começarão a se inverter.

Em suma, os médicos estão observando o mundo de cabeça para baixo, tanto no meio acadêmico como no trabalho. À medida que foram estudando matérias sofisticadas, eles passaram a crer que a mente está localizada em determinada região da cabeça. Há um equívoco nesse raciocínio, e lamento profundamente. Se uma pessoa que estudou demais passa a pensar que a mente fica numa parte da cabeça, que ela possui o controle de tudo e toma decisões, algo está errado. Ou então, se ela vê como pré-históricos os indivíduos que sentem que a mente está na região do peito ou um pouco mais abaixo, no abdome, há algo de pervertido nisso.

Ou seja, existe a possibilidade de estarmos adentrando uma era em que não se entendem os sinais que ecoam na mente.

A verdadeira identidade da "água contaminada" que flui no meio acadêmico

Apesar de bastante elementar e introdutória, esta é a "batalha inicial" da religião. Se alguém nos ataca dizendo: "Não existe essa coisa chamada mente", é quase como se essa pessoa fechasse as portas para a religião.

É muito difícil convencer uma pessoa e explicar-lhe sobre o mundo posterior se ela acredita que: "O ser humano não possui essa coisa chamada mente. O que estão dizendo? É um efeito do cérebro. É um efeito do sistema nervoso. Alguma ação elétrica no cérebro causa-nos a impressão de que ela existe".

Seja como for, o fato é que os "inteligentes" estão se inclinando para essa compreensão equivocada. No budismo, isso é chamado de "visão maligna" ou "visão errônea"[1]. Eles estão sendo influenciados por uma visão contrária à autêntica e correta (Correta Visão).

Se eles se baseiam na ideia de que essa postura de observar as coisas constitui o legítimo estudo acadêmico, estão completamente enganados.

Para cuidar da educação, em particular, o Japão possuía o Ministério da Educação, Ciência e Cultura e a Agência de Ciência e Tecnologia. Os dois órgãos se fundiram, formando o Ministério da Educação,

---

1 Visão maligna: Acreditar em crenças equivocadas por não conhecer a Verdade Divina. Visão errônea: uma das Seis Grandes Tentações; é a interpretação errônea dos fatos. A visão maligna faz parte da visão errônea. (N. do A.)

Cultura, Esportes, Ciência e Tecnologia. Assim, todas as matérias tendem a ser encaradas cientificamente. Nesse caso, é possível que eles não consigam ter a Correta Visão, ou seja, a visão baseada na correta Verdade.

Com relação à história e à religião, por exemplo, se uma pessoa considerar que as hipóteses que não tiverem um embasamento arqueológico não são verdadeiras, então o imperador Jimmu[2] seria apenas uma lenda. Haveria também aqueles que afirmariam que o príncipe Shōtoku[3] não existiu. Não é fácil encontrar provas arqueológicas.

Porém, quanto ao príncipe Shōtoku, vários aspectos são conhecidos: há até uma obra cuja tradução é considerada de sua autoria; sabemos quem são os inimigos que ele enfrentou; sua árvore genealógica é conservada até hoje, conhecemos o nome de sua esposa e de seus filhos. Mesmo assim, certos pesquisadores afirmam que o príncipe é um personagem fictício.

Nesse sentido, existe um alto índice de "contaminação" nas matérias acadêmicas. A água contaminada que flui nesse meio é, basicamente, a ideologia que nega a maneira de pensar que considera a mente, a alma ou a existência do outro mundo. Temos de romper essa barreira.

---

2 Também conhecido como Kamuyamato Iwarebiko, o imperador Jimmu é considerado o primeiro imperador do Japão. Devido à escassez de informações e registros, alguns pesquisadores questionam a existência dos nove primeiros imperadores japoneses.
3 Shōtoku Taishi (574-622) foi regente do Japão entre 593 e 622.

Os fiéis da Happy Science passam por grandes dificuldades na hora de transmitir a existência da mente em um trabalho missionário. Há indivíduos que pensam que a mente não existe, ou que ela é algo que podemos modificar, assim como uma tarefa no computador na qual basta digitar uma nova instrução no teclado para alterá-la. Para eles, as questões emocionais de bem ou mal não existem. Eles acham que basta manipular para obter o resultado desejado.

Claro, podemos esperar, ao lambermos o sal, sentir o gosto salgado. Mas as reações psíquicas do ser humano não são tão simples assim. Duas pessoas podem ter sensações diferentes ao olhar para a mesma coisa.

2

O passado, o presente e o futuro podem ser mudados com o poder da mente

Você pode mudar o futuro mudando sua mente

Além disso, o ser humano também é capaz de transformar diversas coisas com sua capacidade de pensar. Ou seja, tudo depende de como ele pensa. Por exemplo, existe uma estrutura no olho chamada "cristalino" que faz o papel de lente, por meio da qual o foco da visão é ajustado. No entanto, como esse ajuste é feito por músculos involuntários, quando a visão fica comprometida considera-se que não há mais cura. Ou seja, o indivíduo não pode mais ler devido ao olho desfocado, e só lhe resta usar lentes de contato ou óculos, que mudam o índice de refração do cristalino artificialmente. Essa é a ideia que está difundida.

No entanto, quando surge alguém como eu, capaz de "manipular" o cristalino ou os músculos involuntários usando o poder do pensamento, a história é outra. Esse tipo de pessoa consegue restaurar o olho ao pensar: "É mesmo? Então preciso fazê-lo voltar ao normal. Volte, volte, volte". Até faz lembrar a regeneração da cauda da lagartixa. Quando surge alguém com uma "capacidade de regeneração", a história é outra.

Na prática, existem pessoas assim, que pensam: "Não há nada no meu corpo que seja incontrolável. Pode haver diferença de velocidade, mas, se sou eu que estou no comando, é óbvio que, se eu desejar mudar uma parte do meu corpo como eu quiser, assim será". E os seus olhos se curam. Aqueles que se restringem ao senso comum ficarão bem surpresos. Isso ocorre na vida real.

Portanto, tenha muito cuidado. Não é que a realidade *seja* assim. A realidade *está* assim, pois você acredita naquilo que lhe foi incutido. É isso o que acontece em relação a diversos fenômenos.

Mas o ser humano possui força para transformar a si mesmo. É claro que o corpo físico se modifica, mas, ao mudar sua mente, diversas coisas sofrem mudanças. A vida, os relacionamentos interpessoais e o futuro começam a mudar. Nesse sentido, você não deve aceitar as afirmações veementes de pessoas que lhe dizem: "Não há mais jeito para você. Acabou". Não tenha pensamentos condicionados, achando que você é exatamente como disseram, parecendo que foi "rotulado" ou "carimbado". Por exemplo, quem foi "tachado" de pobre e considera normal viver na pobreza não vai sair dessa situação de miséria.

Porém, é diferente para aquele que pensa: "Discordo, há oportunidades para qualquer pessoa".

É importante pensar: "Deve haver alguma maneira de se obter sucesso no trabalho. No caso do beisebol, se eu observar com atenção e estudar os jogadores bem-sucedidos, talvez eu consiga rebater as bolas que não conseguia antes. Da mesma forma, se observar bem as pessoas que sabem ganhar dinheiro, vou descobrir algum segredo. Vou observar um rico que faz parte do meu círculo de conhecidos e estudar a diferença. Entendendo essa diferença, vou copiar o que for bom". E, ao imitar por cinco ou dez anos, talvez você perceba que ficou igual àquela pessoa. Isso ocorre na vida real. A vida pode ser mudada dessa forma.

Konosuke Matsushita[4] recoloriu o passado de dourado de forma retroativa

Até agora, tenho pregado que o passado e os fatos históricos consumados não podem ser alterados, mas que o futuro pode ser mudado. A compreensão geral é, com efeito, essa mesma.

No entanto, pela perspectiva religiosa, há margem para mais um salto nessa compreensão: na verdade, o passado também pode ser mudado. Por exemplo, quando um dos meus filhos, Masaki Okawa, realizou uma palestra explicativa de seu livro *Coletânea de frases famosas de Ryuho Okawa – 123 máximas para você que quer ser criativo*[5] no Templo Shoshinkan de Yokohama, ele disse o seguinte: "Os bem-sucedidos passaram por diversas dificuldades e fracassos na juventude. Contudo, há um ponto em comum entre eles. Quando alcançam um grande sucesso, costumam dizer que foi graças ao seu passado, apesar de parecer ter sido patético para os outros. É curioso notar: todos aqueles que conseguiram um grande êxito dizem isso".

---

4 Konosuke Matsushita (1894-1989) foi o fundador da Matsushita Electrics, a atual Panasonic.
5 IRH Press, Tóquio, Masaki Okawa, 2015.

Há um motivo para esse comportamento. As pessoas que conseguiram alcançar um sucesso apenas um pouco maior que as demais não chegam a enxergar o passado de forma diferente. Mas aquelas que obtiveram um grande sucesso, a ponto de enxergar a própria vida diferente, passam a embelezar seu passado.

Konosuke Matsushita passou por dificuldades na infância. Seu pai fracassou num trabalho de especulação em commodities, o que comprometeu até sua formação do primário. Por isso, o pai o enviou ainda pequeno para trabalhar em Osaka. Sem poder frequentar uma escola, sofria com a exploração e realizava serviços gerais. Crescendo nessas circunstâncias, gradativamente foi reunindo recursos para criar a própria empresa. Começou com 3 sócios, cresceu e logo chegou a ter dezenas de milhares de funcionários, passando a abrir fábricas pelo mundo afora.

E, então, passou a dizer, sem hesitação, que conseguiu ser grandioso por não ter escolaridade. Uma pessoa normal não faria esse tipo de declaração. Não quem alcançou um sucesso pequeno.

Por exemplo, um indivíduo que parou de estudar no meio do ensino fundamental e finalmente alcançou uma renda que se iguala à de pessoas que acabaram de se formar numa faculdade não consegue fazer essa declaração. É difícil afirmar isso apenas com esse nível de sucesso.

No entanto, o que ocorreu no caso de Matsushita, que, apesar de ter abandonado o ensino fundamental, conseguiu contratar pessoas graduadas e pós-graduadas como subordinadas, fazendo-as criar produtos, elogiando-as e pagando-lhes bônus? É diferente quando se alcança fama mundial, chegando a virar capa da revista americana *Time*.

Podemos perceber por meio de suas frases que Matsushita não só melhorou seu presente, como também todo o seu passado de forma retroativa: "Atingi o sucesso porque não tive escolaridade, interrompendo meus estudos no ensino fundamental", "Não obtive conhecimento por não ter estudado. Por isso, eu perguntava aos outros o que não sabia, e pensei em contratar pessoas mais preparadas do que eu. Ao recrutar indivíduos talentosos, um após outro, e utilizar a capacidade deles, tornei-me bem-sucedido".

"Como tenho saúde frágil e costumo descansar muito, delegava meu trabalho, adotando uma estrutura setorial para que continuássemos funcionando. Dessa forma, a empresa cresceu, capacitando muitos gestores."

Walt Disney obteve um grande sucesso transformando um rato em personagem

Conseguir enxergar um passado sofrido de forma gloriosa talvez dependa do nível do sucesso. Por exemplo, um sucesso no nível de Walt Disney tornou-o mundialmente famoso; não há ninguém que não esteja familiarizado com ele. Talvez haja pessoas que não o conheçam em áreas sem eletrodomésticos. Mas, nos lugares que têm, geralmente Disney é conhecido.

Conta-se a seguinte história lendária acerca de Disney: quando jovem, ele era muito pobre e morava num apartamento caindo aos pedaços, infestado de ratos. Observando esses animais, começou a imaginar o que aconteceria se os transformasse em um personagem. Então, teve a ideia de criar o Mickey e acabou se tornando milionário.

O normal é que essa ideia não passe do nível de uma mascote. É bem possível que, em um negócio individual, uma pessoa diga: "Ganhei dinheiro vendendo um rato como mascote". No entanto, se o nível de sucesso dela apenas trouxer um pouco de alívio para sua vida, conseguindo algum lucro com a venda de produtos desse personagem inédito no mundo, ela não vai enxergar tudo reluzindo como ouro.

Porém, se o empreendimento crescer, der origem a várias atrações – como a Disneylândia –, atrair um público de dezenas de milhões todos os anos, criar diversas iniciativas vinculadas e, assim, tornar-se mundialmente famoso, a história será outra. Nesse caso, o fato de a pessoa ter morado num apartamento em péssimo estado de conservação e ter criado amizade com ratos passa a ser visto como um fator de sucesso.

É claro que, de forma geral, um sucesso desse porte não ocorre com pessoas que moram em apartamentos com ratos. Podemos pegar o exemplo de um indivíduo que, depois de formado na faculdade de direito, não consegue ser aprovado no exame da Ordem dos Advogados e permanece até seus 30 anos sendo reprovado; se, durante esse período, um rato do apartamento ficar importunando esse indivíduo, certamente ele vai culpá-lo por atrapalhar sua concentração nos estudos e ter sido reprovado. Poderá reclamar que, por causa do roedor, ele nunca consegue aprovação. Assim, apesar de estar na mesma situação de Disney, a maneira de encará-la muda.

Seja como for, quando se obtém um sucesso muito acima do normal, todas as experiências do passado se transformam em luz de forma retroativa. Por exemplo, se uma pessoa que perdeu um membro da família durante o bombardeio de Hiroshima alcançar um grande sucesso, para ela tudo irá mudar: achará que foi graças a esse evento que ela resolveu se esforçar. Outra pessoa que perdeu um parente no grande terremoto do leste do Japão vai considerar esta tragédia como a causa do seu sucesso.

Nesse sentido, na verdade é possível mudar o passado, o presente e o futuro. Em suma, o ser humano é capaz de transformar tudo com o poder do pensamento.

3

Orientações para as pessoas de hoje que não sabem como dirigir a mente

Não reconhecer que a mente existe é como viajar num carro sem volante

A mente existe mesmo, e seu modo de ser é que muda sua vida e desbrava o futuro. Quem conhece este fato experimenta uma situação semelhante à de aprender a manobrar o volante de um carro: passa a percorrer as ruas livremente.

Por outro lado, para quem acha que a mente não existe, é como viajar num carro sem saber que o volante existe. É terrível ser colocado num carro que só tem acelerador e freio. Pisando no acelerador o carro avança, mas esta função sozinha vai fazer o veículo bater em algo e pisar no freio só vai fazê-lo parar. Só com esses dois controles basicamente não é possível dirigir, a não ser percorrer sempre uma pista retilínea. No entanto, seria horrível conduzir um carro apenas em linha reta, tendo só o acelerador e o freio, numa estrada onde há carros na frente e atrás.

O acelerador e o freio são necessários, mas só é possível dirigir o veículo graças ao volante. No entanto, há pessoas que acham que esse volante não existe, e outras que não sabem que elas mesmas podem manejá-lo. Por isso, não adianta dizer a elas que estão na situação em que se encontram por causa de seus pensamentos. Elas não percebem, mesmo que alguém lhes diga: "Se você girar o volante para a direita o carro vai virar para a direita. Se girar o volante para a esquerda, ele virará para a esquerda. Se deixar o volante reto, ele seguirá em linha reta. Denomina-se 'caminho do meio' quando o carro segue reto. Se você girar o volante, seja para a direita, seja para a esquerda, vai bater facilmente em algo. Seja para que lado for, se você pensar em morrer, morrerá facilmente".

Na prática, a vida funciona assim mesmo. Se o ser humano pensar em morrer, poderá morrer facilmente. Por exemplo, se comer apenas hambúrgueres ao longo de um ano, vai comprometer a saúde e acabar morrendo. O mesmo vale para um bife. Perdoe-me se você trabalha neste setor, mas creio que nem mesmo um profissional de um restaurante consegue comer seus pratos todos os dias. Certamente ele não vai suportar. Se ele trabalha com gyūdon[6] e, só por esse motivo, comer sempre gyūdon nas três refeições do dia, uma hora vai adoecer. É isso o que ocorre.

Uma possível analogia seria a seguinte: você consegue conduzir o carro chamado "você" utilizando o

---

6 Prato da culinária japonesa, cuja base consiste em arroz coberto por carne bovina e cebola, cozidos em um molho específico. (N. do T.)

volante, o acelerador e o freio. Claro, o carro precisa de combustível, e pode ter funções extras como ar-
-condicionado, mas basicamente a condução é feita por meio daqueles três controles. O motorista é a parte chamada de *alma* e o carro em si, o *corpo físico*. A alma reside no corpo físico e corresponde ao motorista, que conduz o veículo.

Por que eu prego continuamente muitos ensinamentos e mensagens espirituais

Aprofundando-me ainda mais no assunto, a parte principal da alma do ser humano que pensa e toma decisões é a *mente*. É importante ter essa visão da vida.

No entanto, quem não conhece este conceito talvez acredite que o ser humano é como um carro automático que se locomove sozinho, dotado de uma inteligência artificial. Ou pensa que tem o controle remoto desse carro. Ou ainda, acha que ele é a parte mecânica do carro que o faz se locomover até o destino, baseando-se em informações inseridas. Muitas pessoas pensam dessa forma.

Mas essa ideia não passa de um erro gerado pela educação contemporânea. As pessoas serão mais felizes se mudarem essa mentalidade. É possível optar por uma mentalidade ou outra, mas o que estou dizendo é que, se você tem o poder de decisão de se tornar feliz ou infeliz, então é preferível decidir pelo que será melhor para você.

Alguém pode alegar: "Você fala do outro mundo, mas ninguém foi até lá e voltou. É uma tolice acreditar nisso", porém não é verdade.

Todo ano apresento muitas palavras e pensamentos de seres espirituais do outro mundo. Mais ainda, estamos exibindo essas mensagens gravadas em vídeo; contudo, eu não sou como os comediantes, que conseguem improvisar sem parar.

Além disso, sou formado pela Faculdade de Direito da Universidade de Tóquio, e não tenho motivos para agir de forma a me enquadrar na categoria dos impostores. Eu era capaz de realizar o Exame Central Nacional para Admissão em Universidades de olhos vendados, e considero que tenho qualificação e talento para viver de forma sensata, seja qual for o caminho a seguir.

Uma pessoa desse tipo se demitiu do emprego que possuía até então por julgar importante a revelação que recebeu, e agora está pregando ensinamentos. Portanto, não tenho nenhuma razão para enganar os outros. Concluí que eu deveria pregar esses ensinamentos, a ponto de desistir dessa carreira, pois muitas pessoas estão perdidas, trilhando caminhos errôneos, e elas precisam ser salvas. É com esse intuito que estou agora ensinando e publicando livros.

Na Happy Science, todos os ensinamentos estão registrados para a posteridade

Há pessoas que logo adotam uma postura de desconfiança, mas, no meu caso, estou nesse caminho não por vontade própria e sim por providência divina.

Nas novas religiões, certamente há muitos impostores. Contudo, elas não crescem tanto. Ao que parece, a maioria é pequena. Uma parte é constituída de grupos de intelectuais organizados, porém, a longo prazo, diversos aspectos virão à tona como consequência da reputação e da confiabilidade das pessoas envolvidas.

Minhas palestras não só são convertidas em livros, como também são transformadas em CDs e DVDs. Estão todas registradas, não escondo nada. Na hora de publicá-las como livros, no máximo são feitos pequenos acertos para deixar as palavras arrumadas, mas basicamente todas ficam registradas. Desde a primeira palestra da Happy Science (ocorrida em 23 de novembro de 1986, com o título "Início da Happy Science") até as atuais, estão todas registradas. Por isso, não há nenhuma fraude. Temos provas.

Não deixo para os outros escreverem por mim, como acontece em outras organizações, pois são as minhas experiências reais e meus pensamentos que exponho nos livros.

Com relação às experiências reais, um caso comum seria o de uma senhora camponesa da Era Edo (1603-1868) que, de repente, escutou a voz de um espírito e disse que Deus desceu. Entretanto, no meu caso, publico as mensagens espirituais tendo como premissa uma boa instrução acadêmica deste mundo; publico o material somente depois de fazer uma avaliação por meio da razão e do intelecto e chegar à conclusão de que a mensagem é autêntica.

Dizem que as ideias apresentadas pela Happy Science são bem intelectuais, lógicas e racionais. Por esse motivo, muitos intelectuais e pessoas das ciências exatas fazem parte da Happy Science.

Além disso, muitos gestores têm como referência os ensinamentos da Happy Science, que prega sobre a gestão em si juntamente com a postura mental do ser humano. O que está sendo útil para eles é esse fundamento da *ciência do ser humano*.

Conheça a verdade de que *a vida é incessante*

Portanto, gostaria que você persistisse com fervor para transmitir o seguinte às pessoas que pensam que a mente não existe: "A mente existe, sim. Você é livre para pensar como quiser, mas essa é uma mentalidade na qual você se considera uma máquina. É uma autoimagem muito depreciativa. Você realmente acha que está bem com essa visão de vida, segundo a qual o ser humano é uma espécie de máquina, e que a mente está, com certeza, em algum lugar dessa máquina, colocando-a em funcionamento?".

Na era moderna, muitas pessoas adotam a visão de que a felicidade existe apenas neste mundo. Se morrerem, acham que está tudo acabado. Não se importam com o que farão com seus restos mortais; se vão cremar seu corpo e jogar fora suas cinzas ou se vão espalhá-las pelo mar.

Um dos motivos pelos quais eu prego sobre a mente é que, em essência, o ser humano possui uma vida sem fim. Ele existe continuamente.

Devemos pensar já na questão de que temos uma vida incessante, de que tivemos um passado antes de nascer e de que teremos um futuro depois da morte. Quem não souber disso e tiver de enfrentar essa verdade vai passar por uma situação terrível. Por outro lado, quem vive sabendo deste fato levará uma vida de imenso valor.

Quem não chegou a desenvolver seus conceitos sobre a existência da mente até alcançar a noção da existência da alma acredita que a vida se restringe a este período na Terra e que a morte é o fim. Por isso, deve estar pensando que, de resto, bastaria tomar medidas contra o imposto sobre herança e fazer algo pelos familiares que ficarão. No entanto, não é o "fim". Esse é um "recomeço". Ou seja, *a vida é incessante*.

O que você vai cumprir em cada importante dia ao longo dos seus 30 mil dias de vida?

O tempo de vida que temos atualmente é de 20 mil a 30 mil dias. É pouco tempo. Você pode achar que tem muito tempo, mas não são tantos dias. Se você conseguir viver 30 mil dias, passará dos 80 anos.

Eu já gastei cerca de 20 mil dias. Fico me perguntando: "Quantos dias ainda me restam?". O normal é viver vinte e poucos mil dias. Quando penso nos dias que ainda tenho pela frente, vejo que um dia por vez vai desaparecendo, dia após dia. É difícil passar dos 30 mil dias. Cada dia vai sendo consumido.

Portanto, é crucial pensar no que você vai fazer em cada dia. É fundamental não desperdiçar o dia de hoje. Eu e as pessoas da minha geração certamente já usamos 20 mil dias. Há pessoas mais jovens e outras de idade mais avançada, mas devemos considerar que não é tão fácil passar dos 30 mil dias.

Assim, cada dia se torna importante. Devemos dar valor a cada dia, e é extremamente importante pensar de que maneira podemos viver da forma mais proveitosa possível.

Nesse sentido, os conceitos filosóficos ou do zen-budismo são, no final das contas, parecidos.

4
Viva causando uma autotransformação todos os dias

A história dos patos selvagens que deixaram de voar

Um filósofo dinamarquês chamado Kierkegaard[7], que viveu há mais de um século, apresentou a seguinte história:

> Todos os anos, patos selvagens passavam em voo migratório por uma região da Dinamarca, onde havia um senhor gentil que dava comida para essas aves. No entanto, conta a história que muitos desses patos selvagens esqueceram o hábito de voar para o sul em épocas de frio, começaram a engordar e não conseguiram mais voar.
>
> Um dia, para a infelicidade das aves, esse senhor faleceu de repente. As aves não conseguiam mais voar por terem engordado, por isso ficaram atordoadas. Já haviam perdido o hábito do voo migratório.
>
> Quando a neve derreteu e se tornou uma enchente, elas morreram afogadas.

---

7 Søren Kierkegaard (1813-1855): filósofo e teólogo dinamarquês que dizia que a essência do homem está em sua existência e na liberdade de realizar escolhas.

Kierkegaard, um filósofo existencialista que apresentou a história dos patos selvagens

A propósito, Kierkegaard não ficou famoso enquanto viveu. Era praticamente anônimo. Mais tarde, um filósofo alemão chamado Heidegger[8] é que o tornou famoso, por ter sido influenciado pela filosofia existencialista de Kierkegaard.

Kierkegaard nasceu da união entre um membro de uma família abastada e uma criada que servia a essa família. Paralelamente a este fato, ele tinha uma doença e, por isso, sob certo ponto de vista talvez tenha tido uma infância infeliz.

Além disso, no fim da vida ele publicou um periódico chamado *O Momento*, por meio do qual criticava a Igreja: "Já é tarde para vocês. Se pensam que conseguirão ter um bom destino só de ir à igreja aos domingos para orar e purificar o coração, sendo que todos os dias, de segunda a sábado, levam uma vida degradada e preguiçosa, estão enganados. Todos os dias são importantes para o ser humano. Acham que serão salvos apenas com um esforço no domingo, vivendo no ócio de segunda a sexta?".

Num dia comum, ele teve um fim trágico, caindo em colapso no meio da rua.

---

[8] Martin Heidegger (1889-1976): filósofo alemão; um dos pensadores fundamentais do século XX. Além da sua relação com a fenomenologia, sua influência foi igualmente importante para o existencialismo e o desconstrucionismo.

Espírito IBM: não seja um pato selvagem domesticado

Essa história também era citada por Thomas Watson Jr.[9], que explicava a importância do espírito IBM de não perder a natureza selvagem: "Não seja um pato selvagem domesticado. À medida que você receber alimentos, vai perder a capacidade de voar. Evite isso".

O que a IBM quis dizer é: "Você não deve viver de forma a manter o *status quo*, só porque poderá continuar comendo. Você não sabe quando o perigo virá, nem quando irá falir. Por isso, viva tendo em mente o senso de perigo. Cada dia deve ser de seriedade; cada dia deve ser de inovação. Você deve viver cada dia, até o fim, com essa natureza selvagem e esse senso de perigo. Se não viver com todo o esforço, não haverá futuro". Com esse espírito, a IBM tornou-se uma poderosa multinacional.

Dedique-se, diariamente, cause uma autotransformação, enfrente os problemas e suporte as mudanças do ambiente

O espírito IBM é importante para você também. Talvez você pense que está tudo bem, pois consegue se

---

9 Thomas Watson Jr. (1914-1993): empresário norte-americano, filho de Thomas John Watson (o fundador da IBM).

sustentar do jeito que está agora. No entanto, nunca se sabe quando essa vida irá sofrer mudanças devido a circunstâncias externas diversas, como o surgimento de uma loja rival. Mesmo as grandes empresas estão, agora, falindo uma após a outra. Muitas marcas de primeira categoria estão para fechar as portas, e outras quebraram de fato. Podemos ser prejudicados com o surgimento de um competidor estrangeiro ou doméstico.

Também a Uniqlo[10] (da empresa Fast Retailing), que pode vir a dominar o mundo, fechará as portas se o dólar chegar a valer 150 ienes[11]. Antes, o iene estava forte; por isso, ela conseguia vender barato seus produtos, mesmo abrindo muitas lojas no exterior. Assim, se 1 dólar alcançar 150 ienes, certamente ela vai falir.

No caso da Toyota, que obtém lucros por meio da exportação, a empresa chega a lucrar 10 bilhões de ienes[12] só com a redução de 1 iene na cotação do dólar. Mas as empresas de produtos baratos vão começar a quebrar. Aqueles que tiveram a estratégia de produzir no exterior como medida contra a alta do iene vão começar a fechar as portas; desse modo, não se sabe o que pode acontecer.

Portanto, você não deve esquecer o "espírito do pato selvagem". Esse aspecto é bem assustador e, da mesma forma que as empresas, nós também, como

---

10 Marca famosa no Japão por vender roupas de boa qualidade a preços baixos.
11 Cotação do dólar em janeiro de 2017: 1 dólar = 115 ienes.
12 Cerca de US$87 milhões (R$280 milhões) em janeiro de 2017.

indivíduos, devemos viver a vida com esse senso de perigo. Se não tiver esse "DNA" do espírito de dedicação diária, de causar uma autotransformação, de encarar novos problemas e de suportar um ambiente de mudanças, você não vai conseguir sobreviver, seja como indivíduo, seja como organização.

A esfera da religião, considerada eterna, corre risco de extinção

Acredita-se que a religião é eterna; no entanto, ao observar algumas religiões, parece-me que muitas estão desaparecendo. Atualmente, na Happy Science, transmitimos minhas palestras via satélite para todo o Japão. Algumas religiões estabelecidas em regiões próximas aos pontos de recepção de nossa transmissão devem estar apavoradas por sentirem que a qualquer momento podem ser extintas pela Happy Science. Outras já "desapareceram".

Ao longo dos anos 1970 e 1980 – década na qual a Happy Science foi fundada –, diversas religiões nasceram; tínhamos muitos rivais, mas, nos últimos trinta anos, várias delas ficaram para trás e desapareceram.

Mesmo não havendo uma clara avaliação da sociedade, algumas organizações sobrevivem e crescem, enquanto outras desaparecem. É uma situação árdua, mas não é diferente na esfera da religião. Por isso, até mesmo as religiões antigas parecem estar cientes de que, se não se esforçarem agora, terão dificuldade em sobreviver.

Por exemplo, antecipando os setenta anos de pós-guerra, o templo budista Higashi Honganji (de *Jōdo Shinshū* – Verdadeira Escola da Terra Pura), localizado em Asakusa (Tóquio), convidou Shōichi Watanabe[13] para realizar uma palestra sem cobrar ingresso.

Na prática, é difícil um budismo da linha de Shinran[14] avaliar, com seus ensinamentos, os setenta anos de pós-guerra. Seus seguidores não têm escolha, a não ser pedir: "Por favor, Buda Amida, fazei alguma coisa". Como não conseguem ponderar por si próprios, chamam um crítico profissional e realizam uma palestra gratuita. Nesse ponto, a Happy Science consegue emitir diversas opiniões.

"Até agora correu tudo bem" – reconsidere o *mito da segurança*

A história do pato selvagem que perdeu a capacidade de voar também pode ser usada como parábola para o regime de uma nação.

Um "senhor gentil" chamado Estados Unidos está dando comida nutritiva para um "pato selvagem" chamado Japão. À medida que o Japão passou a ser

---
13 Estudioso da língua inglesa e principal crítico cultural japonês.
14 Fundador da escola budista Jōdo Shinshū.

alimentado, começou a pensar que não precisaria mais "migrar para o sul", e que, se continuasse assim, poderia passar o inverno tranquilamente. Todavia, um dia, de repente, a neve pode derreter e inundar o terreno. Se não conseguir voar, o pato pode morrer afogado. Talvez ele ache que está protegido enquanto obedece ao *mito da segurança*; porém, de repente pode se ver em um fim. Ou seja, esse "senhor gentil" pode não mais dar-lhe comida. É necessário, então, se preparar para esta situação.

Fiz questão de mencionar este conto, pois está havendo intrigas na Dieta Nacional do Japão[15].

Quando o inverno chega, as aves normais voam para o sul em busca de alimento. Em vez disso, o "pato" chamado Dieta do Japão pode estar pensando que é diferente dos patos selvagens normais: como alguém o está alimentando, ele sente que está seguro e que não precisa mais migrar para o sul. Mas estou dizendo que é melhor eles saberem que podem não estar seguros.

Não vou entrar em detalhes sobre a teoria da constituição; entretanto, por mais que eles digam que tudo está funcionando até agora por seguirem o "mito da segurança", e que não há com que se preocupar, basicamente devemos retornar às origens: "Como é uma nação ideal? Como é nos outros países?". É ima-

---

15 A Dieta Nacional do Japão é o poder legislativo bicameral do Japão, composto por uma câmara baixa (chamada de Casa dos Representantes) e por uma câmara superior (chamada Câmara dos Conselheiros). Equivale ao Congresso Nacional brasileiro.

turo achar que não há com que se preocupar com o modelo que está sendo seguido, sem pensar direito nesses fundamentos. Essa ideia se aplica a uma nação, a um indivíduo, às empresas e aos negócios próprios.

Se você acha que está absolutamente seguro, mas surge um rival, você pode, de repente, comprometer tudo. Uma loja pode falir só com o surgimento de um concorrente na frente ou ao lado. Portanto, você deve viver sempre com uma postura firme, sem relaxar.

5

De que maneira extrair o melhor da mente e viver com o máximo de proveito

A experiência da alma que você adquire ao longo da vida continua com você depois da morte

Podemos concluir que quem viveu bem os 20 ou 30 mil dias de vida com sabedoria terá posteriormente um futuro garantido. Para acrescentar uma explicação mais compreensível quanto ao "posteriormente", o ser humano morre, mas sua alma continuará existindo.

Certa religião tem uma visão do outro mundo segundo a qual, depois da morte, o ser humano é absorvido por uma espécie de oceano, se torna uma gota dele e fica afundado. Mas não é nada disso.

A alma humana tem personalidade e continua viva do mesmo jeito no outro mundo. Nesta vida, cada um possui um sexo, masculino ou feminino. Depois que parte deste mundo, a alma ainda carrega, na sua aparência no outro mundo, os aspectos referentes à última vida, tais como a consciência, o nome, o sexo, certo grau de conhecimento adquirido e a personalidade adquirida pelas experiências. Até a encarnação seguinte, a alma se reconhece por meio desses aspectos.

Portanto, a experiência de vida que forma a personalidade basicamente continua no outro mundo. É por isso que esse conceito é muito importante.

Como usar com habilidade o tempo de vida para viver plenamente

A vida dura só 20 ou 30 mil dias, mas aproveite esse tempo usando-o com sabedoria, vivendo plenamente até o final, sem colocar a culpa em ninguém. E, com relação às coisas que você mesmo pode mudar, vá superando os obstáculos com habilidade e usando o seu volante, acelerador e freio.

Além disso, você é capaz de mudar não só seu futuro, mas também seu passado. Há um país que vive dizendo que, por ter tido um passado infeliz, hoje é infeliz. Mas o próprio ato de ficar repetindo isso é uma infelicidade. Enquanto disser isso continuamente, nunca será feliz. Se, no presente, esta nação estivesse brilhando de verdade, certamente conseguiria perdoar o passado. Não comentaria nada sobre o que já passou. No entanto, se ela continua afirmando: "Por causa daqueles acontecimentos há setenta ou oitenta anos, somos infelizes", significa, sem dúvida, que a política atual é incompetente. Os governantes colocam a culpa no passado ou nos países estrangeiros para desviar o olhar do povo da precariedade da política.

Se esse país não entende isso, infelizmente não pode ser considerado a elite intelectual da era moderna.

O principal tópico deste capítulo foi a mente. Nós possuímos uma coisa sobre a qual temos controle total. Podemos controlá-la 100%; por isso, é importante usá-la para viver habilmente até o fim.

A Happy Science prega muitos ensinamentos sobre as maneiras de extrair o melhor da mente e viver com o máximo de proveito. No meu livro *As Leis da Sabedoria*[16], que se tornou *best-seller* em 2015, ensino formas de lustrar a sabedoria para fazê-la brilhar como diamante e, assim, extrair seu valor. Não há nenhuma outra religião que ensine isso; portanto, eu ficaria feliz se você aprendesse bem essa diferença.

---

16 Lançado em 2015 pela IRH Press do Brasil.

Capítulo 2

Como ser uma pessoa cativante

A força que transforma até mesmo seus maiores críticos em seus fãs

1

Desenvolver essa característica é um tema de peso

Este capítulo intitula-se "Como ser uma pessoa cativante". Partindo-se do pressuposto de que se trata de um aspecto genuíno da sua essência, se você conseguir dominar o assunto, certamente terá êxito em tudo o que fizer. Por isso, este é um tema de peso.

Aliás, antes de começar a palestra que deu origem a este capítulo, eu estava olhando para um monitor que mostrava o auditório e também informava a estatística da idade do público presente. Pensei: "Estão reunidas aqui pessoas de uma faixa etária um tanto 'complicada'. Será que já não chegaram a uma fase da vida em que se exigirá muito delas para que possam ser cativantes? Será que o nível de dificuldade dessa palestra aumentou um pouco mais do que o esperado?".

No caso dos jovens, eles ainda podem trabalhar em diversas características para serem pessoas cativantes. Contudo, quanto mais a idade avança, mais difícil se torna essa mudança, inclusive em mim.

Porém, talvez o importante seja: "De que forma você vai tecer uma atratividade em meio a essa circunstância difícil?". Será gratificante se este tema conseguir pelo menos tocar de leve cada um dos leitores. A propósito, no dia seguinte à data em que realizei esta palestra, Shōichi Watanabe ministrou também uma palestra no Templo Shoshinkan de Tóquio. Talvez fosse igualmente interessante assistir à palestra dele. Quando ele realiza uma conferência, sempre elogia os ouvintes. E sempre conta, em algum momento, que tem complexo de inferioridade ou descreve alguma passagem na qual afirma ter cometido uma gafe.

Ele abre seu coração, mostra-se acessível e elogia as pessoas que o consultam. E faz um encerramento de modo a deixar uma sensação boa nos ouvintes. É sempre assim com ele. Acho que Watanabe tem uma boa noção de como ser cativante.

2
Os cuidados na hora de elogiar

Se você fizer um elogio contrariando a *linguagem da verdade*, vai gerar um efeito colateral

No meu caso, não adianta imitar Watanabe. Como sou um líder religioso, profissionalmente tenho de falar a "linguagem da verdade".

Na minha juventude, li em diversos livros que, quando elogiamos uma pessoa, ela simpatiza conosco, e que, com essa postura, podemos ter sucesso em qualquer atividade. Por isso, houve uma época em que treinei com afinco o ato de elogiar.

No entanto, depois que me tornei líder religioso, com o crescimento da Happy Science o número de pessoas que eu guiava foi aumentando, e começou a surgir um efeito colateral quando eu fazia um elogio a alguém, contrariando a linguagem da verdade. Isto é, o indivíduo que recebia meus elogios interpretava: "Se o mestre Okawa está dizendo isso, deve ser verdade. Primeiro vêm as palavras". Mais tarde, quando surgiam outras pessoas fazendo avaliações piores acerca daquele mesmo indivíduo que eu havia elogiado, ele se ressentia e passava a criticar essas pessoas. Por isso, senti que tinha ficado difícil elogiar.

Ao longo dos mais de trinta anos de história da Happy Science, diversas pessoas passaram por aqui, e, comparando-se o que aconteceu àqueles que foram elogiados por mim com o que aconteceu aos outros que levaram uma reprimenda minha, estes foram os que mais permaneceram na diretoria, principalmente aqueles que levaram inúmeras repreensões.

Por outro lado, aqueles que receberam apenas elogios e depois não levaram nenhuma advertência tomaram um rumo diferente. Não sei ao certo se cometeram algum erro ou se se tornaram incompetentes. Quando precisaram abandonar o cargo por causa de algum incidente, quase todos ficaram insatisfeitos, sua reputação piorou e eles foram criticados pelas pessoas ao redor.

De qualquer forma, no passado houve pessoas que não se conformavam: "Por que está acontecendo isso comigo se fui elogiado pelo mestre? Há algo errado". Portanto, elogiar é um tanto difícil.

Você deve se pronunciar de forma compatível com sua grandeza de caráter, para não ser apenas alguém que agrade a gregos e troianos

Apesar de estar escrito que "é possível conseguir das pessoas o que desejamos quando as conquistamos com elogios" nos livros tutoriais, por que então, na vida real, muitas vezes não é isso o que ocorre? Certamente é porque quem escreveu isso possui um raciocínio voltado para vendas. Ou seja, a questão para esse indivíduo é: "De que forma lidar com um cliente, quando se está frente a frente com ele, para aumentar a eficácia das vendas?".

A teoria geral disso está fundamentada no seguinte raciocínio: "Tenha contato com as pessoas mostrando-lhes um sorriso, elogie-as, faça-as sentir-se bem, proporcione bem-estar e conquiste sua simpatia. Se elas simpatizarem com você, passará a ter clientes preferenciais seus, e vai obter sucesso".

Contudo, na minha posição, essa tática muitas vezes já não funciona. Por exemplo, ao aplicar esta teoria ao tema: "Como ser uma pessoa cativante", naturalmente entra a questão do relacionamento entre um homem e uma mulher. Ou seja: "Como o homem pode ser mais atraente para a mulher?" ou "Como a mulher pode ser mais atraente para o homem?".

Mas, no meu caso, todas as noites eu escuto vozes (devido ao poder espiritual da clariaudiência[1]), tanto de fiéis femininos quanto de masculinos, dizendo: "Mestre, eu te amo". Nesse momento, fico numa situação embaraçosa. Tenho vontade de dizer: "Agradeço por isso, mas o que eu devo responder?".

Deixando isso de lado, se você agrada a gregos e troianos pode parecer uma pessoa cativante. Contudo, não digo que seja um efeito colateral, mas talvez tenha de se responsabilizar pela reação das outras pessoas. Portanto, você deve saber que sua opinião precisa ser compatível com sua grandeza de caráter. Não opine num nível que esteja acima da sua capacidade.

---

1 Um dos Seis Grandes Poderes Divinos. É a capacidade de ouvir vozes de espíritos do outro mundo. Ver *As Leis do Sol*.

3

Cada indivíduo é visto pela perspectiva pública e pela pessoal

Você não está tendo atitudes diferentes quando acha que ninguém está olhando?

A propósito, "Como ser uma pessoa cativante" foi o tema de um projeto sugerido pelos meus subordinados. Eles desejavam que eu lhes contasse algum segredo para avançar na difusão e também aumentar o número de votos para o nosso partido (Partido da Realização da Felicidade), com o objetivo de receber o apoio de mais pessoas. São orientações sobre esses assuntos que eles querem ouvir, pois sinto vir na minha direção o desejo de que eu esclareça de uma vez essas duas questões.

Contudo, essa não é uma tarefa simples, pois, no mundo, muitas vezes o lado de dentro e o de fora são diferentes, o que torna difícil fazer as coisas darem certo, podendo até gerar um resultado contrário.

Por exemplo, há iniciativas que são atraentes dentro da nossa organização, mas não fora. Em outros casos, não é interessante para nossos membros, mas é para as pessoas de fora. Essas duas situações podem ocorrer; por isso, é um tema difícil de lidar.

Quando fui à primeira cerimônia de ingresso[2] da filial Kansai da Escola Happy Science, voltei para casa de trem-bala. Durante a viagem de retorno, ocorreu o seguinte evento: um artista que, há muito tempo, exerce as carreiras de cantor e ator, sentou-se na poltrona à minha frente. Ele costuma realizar shows que reúnem dezenas de milhares de pessoas, e trabalha em um seriado policial.

Ele estava em companhia de mais algumas pessoas, que não sei se eram amigos da área musical ou se eram secretários. Sentaram-se uns ao lado dos outros, entretendo-se animadamente. De repente, ele reclinou o encosto da poltrona, parando e olhando bem nos meus olhos num ímpeto. E fiquei ali sentado, pensando que ele poderia pelo menos ter me avisado. Ademais, ele ia várias vezes ao sanitário acompanhado de seu guarda-costas. As pessoas ao redor olhavam para o artista, pois o haviam reconhecido. Apesar disso, ele achava que estava conseguindo disfarçar usando apenas óculos escuros.

De qualquer forma, se uma pessoa reclina sua poltrona para trás de repente, causa má impressão nos outros. A propósito, parece que alguém que o acompanhava avisou-o, e ele ficou me observando depois que desceu na Estação Shinagawa. Ele não havia per-

---

2 Nessa cerimônia de ingresso, ocorrida em 7 de abril de 2013, realizei a palestra "Tenho expectativa no futuro da Escola Happy Science". (N. do A.)

cebido quem estava sentado atrás dele, porém, depois de ser avisado, ficou me observando. Mas já era um pouco tarde. Certamente foi um tanto mal-educado.

Assim, há pessoas que conseguem ter muita popularidade em momentos como os de um show; porém, pessoalmente, quando acham que ninguém as está vendo, têm outro comportamento.

Toda a vida dos políticos e candidatos é observada, tanto a pública como a pessoal

Tenho livros que falam também sobre os políticos. Por exemplo, já contei o episódio de um ministro das Relações Exteriores que se acomodou no assento à minha frente no avião e, de repente, começou a dormir. E também que costumava viajar na classe executiva e exagerar nas bebidas. De vez em quando conto episódios como esses[3].

Nesse sentido, não sabemos de onde, por quem e de que forma estamos sendo observados. Não sabemos que momentos podem fazer com que os votos diminuam ou aumentem. Um político é observado de diversos ângulos, tanto na vida pública como na pessoal. Mesmo que seja candidato a algum cargo político, você deve saber que será observado em todos os aspectos,

---

3 Ver *A Missão da Educação* e *A Missão do Missionário da Beleza*, ambos publicados pela IRH Press Tóquio.

tanto os públicos como os privados. Não adianta nada dizer coisas boas e não ser nada daquilo como pessoa.

Você pode tentar ganhar popularidade por meio de técnicas; porém, em última instância, o que chega até as pessoas é a essência da sua personalidade. Saiba que, se sua imagem não for autêntica, a popularidade vai apenas passar na sua frente e desaparecer.

Sua mudança de posição é suficiente para que a avaliação a seu respeito mude

Quando fundei a Happy Science, o conselheiro honorário Saburō Yoshikawa, meu pai, certa vez disse-me o seguinte: "Sua aparência é ruim. Sua voz é ruim. E você não tem boa apresentação como os atores". Ele apontou rigorosamente diversos aspectos. Foi um julgamento realmente preciso e justificado.

Todavia, quando realizei minha primeira palestra em um grande auditório, em 8 de março de 1987, fiquei surpreso por ter recebido comentários opostos, tanto de que minha voz era ruim como de que era boa. Com certeza, quem gosta de música estilo *enka*[4] deve ter achado bela a minha voz, e quem não gosta, deve tê-la considerado feia. As preferências são realmente diversas.

---

4 Gênero tradicional de música japonesa, apreciado principalmente pela terceira idade. (N. do T.)

• As leis da missão •

    Dessa forma, não é tão fácil assim conquistar a simpatia ou ser cativante tendo um público de diversas personalidades e gostos. Por exemplo, o fato de uma pessoa se sair bem nos estudos não significa que ela receberá o respeito dos outros, tampouco que será cativante. Encontramos muitos casos de indivíduos estudiosos que não são respeitados, por isso, é difícil fazer uma única afirmação. Não quer dizer necessariamente que você vai obter aprendizado, virtude e popularidade apenas sendo estudioso.

    Isso ocorre porque quem estuda muito, apesar de ter mais conhecimento, olha as pessoas de forma mais rigorosa e crítica. Por dominar vários assuntos, começa a julgar os outros: "Você está errado nisso, naquilo". Esse comportamento é o que mancha sua reputação.

    Na prática, já falei sobre isso diversas vezes. Mas, como o meu ambiente mudou bastante comparado à minha época de jovem, as pessoas recebem de forma diferente o que eu digo.

    Hoje, posso repreender todo autoritário as figuras ilustres declarando: "Sou Ryuho Okawa, o mestre nacional". Por outro lado, quando era jovem e dizia algo com essa mesma postura, era atacado por todos os lados, recebia críticas que pareciam quase afundar minha cabeça. O que eu digo é sempre exatamente o que eu sinto, mas a avaliação das pessoas mudou só porque eu mudei de posição.

4

Exemplos do que fazer para ser odiado

Neste capítulo, minha intenção inicial era tratar do tema "como se tornar uma pessoa cativante", mas, quanto mais eu pensava nisso, mais me ocorriam exemplos concretos de como ser odiado, como levar uma reprimenda, como ser chamado de imprestável etc.

Talvez os japoneses não tenham o hábito de elogiar. Ao contrário, consigo me lembrar de todos os momentos em que fiz algo e fui repreendido; por isso, faço aqui algumas reflexões.

Exemplo 1: O assento que ocupei numa confraternização de boas-vindas a novos funcionários

Um exemplo que gostaria de citar é o da época em que comecei a trabalhar, quando o departamento para o qual fui designado realizou para mim uma confraternização de boas-vindas.

Marcaram a comemoração alugando um salão de confraternização no estilo japonês e convocaram os funcionários do departamento; assim, fui bastante animado. Achei que, por se tratar de uma festa de boas-

-vindas para os novos funcionários, logicamente eu seria o anfitrião; por isso, logo tratei de entrar na ala do banquete e ocupar a cadeira principal. Todas as pessoas que chegaram depois me lançaram um olhar hostil.

Como eu era, teoricamente, o anfitrião, naquele dia não fazia ideia do erro que eu havia cometido, sentado no assento principal.

Lembrando-me agora, foi depois desse incidente que comecei a ser repreendido com frequência no dia a dia. Um veterano chamou-me a atenção dizendo: "Olhe aqui, um novato deve se sentar perto da entrada". Então, respondi: "Mas, se eu me sentar perto da entrada, não vou ter sossego por causa do entra e sai das pessoas". E ele me deu uma bronca: "É por isso que novato tem de se sentar na entrada". Foi assim que, finalmente, entendi por que deveria ficar perto da entrada.

Na minha cabeça, eu apenas tinha pensado em escolher um lugar tranquilo, para não ficar perto da área onde as pessoas entravam e saíam da ala do banquete, carregando comidas e bebidas.

Pode-se dizer que eu apenas resgatei o "protocolo daquilo que deveria ser", mas fui mal interpretado neste mundo. Segundo o "protocolo do que deveria ser", eu deveria ocupar a cadeira principal, mas, não sendo compreendido, fui duramente repreendido.

Exemplo 2: O "Incidente Kōmon Mito[5]" do dia da cerimônia de ingresso na empresa

Havia, por todos os lados, rumores de certo "Incidente Kōmon Mito" que teria sido causado por mim, mas que só chegou aos meus ouvidos após um período de três a seis meses de permanência na empresa.

Diziam: "Então, é o tal cara?", e eu pensava: "O que querem dizer com o 'tal cara'?". Depois, escutava: "Não é esse cara que aprontou tal coisa?". Em seguida, procurando saber o que eu teria aprontado, percebi que a história do "Incidente Kōmon Mito" havia se alastrado. Esse incidente se referia ao seguinte acontecimento. A formatura da minha faculdade era no final de março. Mas, exatamente no mesmo dia, havia também a cerimônia de integração da empresa.

Como o berço dessa empresa havia sido em Osaka, era nessa província que ocorriam as cerimônias de integração. Os novos funcionários eram convocados para irem lá, para um almoço de confraternização.

---

5 Kōmon Mito (1628-1701), que foi um senhor do domínio feudal Mito, no Japão, é o nome alternativo de Mitsukuni Tokugawa, neto de Ieyasu Tokugawa (1543-1616). Este foi um grande xógum que unificou o Japão no início do século XVII, encerrando o Período dos Estados Beligerantes (1467-1590) e inaugurando o período mais pacífico, o Período Edo (1603-1868). No contexto desta palestra, Kōmon Mito refere-se a um personagem de uma obra de ficção que se baseia no Kōmon Mito da vida real. Nesta obra, Mito viajava anonimamente por todo o Japão com o intuito de pacificar cada região. No entanto, cada vez que derrotava um bando, um de seus acompanhantes revelava a identidade dele, mostrando um porta-objeto com o brasão da família Tokugawa e vociferando: "Vocês não enxergam esse brasão?". Então, ao tomar conhecimento de que estavam diante de uma grande autoridade, o bando se curvava perante Mito. (N. do T.)

• As leis da missão •

    Depois de comparecer à formatura realizada no primeiro horário da manhã, das 9 às 10 horas, nem tive tempo de passar em casa e, com o mesmo traje que estava usando, peguei um trem-bala para Osaka.
    No trem, encontrei algumas pessoas que estavam ingressando comigo na empresa. Durante a conversa, perguntaram-me: "Em que faculdade você se formou?". Naquele instante, ergui o canudo que tinha em mãos para mostrá-lo a elas. Era um cilindro de fundo preto ao estilo Nishiki com letras douradas, onde se lia: "Faculdade de Direito da Universidade de Tóquio". Esse era o tal do "Incidente Kōmon Mito".
    Eu nem imaginava que esse gesto viria a se tornar um problema. Eu havia mostrado o canudo, erguendo-o na vertical, pensando que seria melhor não dizer em palavras, pois, se eu falasse em voz alta "Formei-me na Universidade de Tóquio" em um local onde outras pessoas poderiam escutar, pareceria que eu estava me gabando e sendo desagradável. No entanto, esse gesto foi interpretado como um ato arrogante: "Vocês não enxergam esse brasão?". Nos seis meses seguintes fui criticado em diversas ocasiões.
    Eu achava que pareceria mais arrogante se declarasse o nome da faculdade em voz alta, mas levei um choque, pois não imaginava que eles ficariam surpresos com aquele gesto. Dessa forma, meus paradigmas e os do Japão estavam bem defasados.

Exemplo 3: Com os veteranos num táxi

Uma situação semelhante ocorreu quando peguei um táxi com funcionários veteranos. Pensando que seria uma enorme desfeita com um veterano deixá-lo se dar ao trabalho de abrir a porta e deslizar pelo banco de trás até chegar à outra ponta, fui o primeiro a entrar no táxi e ocupar o assento atrás do motorista. Assim, deixei disponível o lugar perto da porta de entrada. Também deixei para o outro veterano o banco de passageiros dianteiro, já que ali a visão é boa.

Lembro-me que, mais tarde, um dos veteranos me instruiu: "Olha, acho que você não deve saber, mas aí é onde a pessoa mais importante se senta. O mais importante é aí, o segundo é aqui, o terceiro é aqui...".

Por que será que o que eu penso é sempre o contrário? Eu tinha me sentado no banco atrás do motorista para não ficar trabalhoso para o veterano, mas acabei sendo repreendido.

Exemplo 4: Na hora de parar um táxi de madrugada

Outra situação similar ocorreu na época em que eu trabalhei nos Estados Unidos.

Certa noite, fiquei trabalhando até tarde; por isso, na hora de voltar para casa tentei pegar um táxi, mas ninguém parava. Como os assaltos aumentam à medida que as horas passam, os taxistas não paravam tão facilmente. Em geral bastaria erguer a mão, mas, naquele horário, não era suficiente.

Então, três colegas de trabalho americanas começaram a puxar a borda da saia e mostrar as pernas para tentar parar um táxi. Para mim, a cena pareceu uma dança coreografada, e acabei dando gargalhadas.

Naquele momento, um veterano me repreendeu: "Você não entende nada, hein? Elas estão puxando a saia e mostrando as pernas daquele jeito tentando ser atraentes, tendo de recorrer à sensualidade porque é difícil parar um táxi a essas horas. O que é que você tem na cabeça para rir delas?".

Apresentei só alguns exemplos, porém, naquela época, havia uma série de situações desse tipo. Era terrível. Nesse sentido, se o tema fosse "Como ser odiado", poderia contar histórias sem parar. Por outro lado, ensinar "como ser uma pessoa cativante" é realmente difícil.

Exemplo 5: Andar com muitos livros na maleta

Durante o período universitário, somos elogiados se ficamos estudando. No entanto, depois que começamos a trabalhar, não adianta estudarmos em lugares à vista das outras pessoas porque não seremos elogiados.

Por exemplo, eu costumava andar com minha maleta lotada de livros, e sempre me diziam: "Você não muda, hein, vai continuar assim pela vida toda?". E eu respondia: "Sim, vou continuar. Sempre abro a maleta e retiro um livro para ler no trem; por isso, tenho de carregar muitos." "É sério mesmo que vai continuar assim?". "Bem, sim...", eu afirmava.

Não dava para sustentar um diálogo. Na época, eu não sabia que existia uma regra tácita segundo a qual não deve parecer que você está sempre estudando onde há colegas de alojamento. Dessa forma, parecia que o senso comum era bem diferente.

Exemplo da mudança de valores quando o ambiente muda – o traje

É curioso que, quando dei início à Happy Science, a situação mudou de uma hora para outra: as pessoas passaram a ouvir minhas opiniões atentamente. Foi bem curioso, e tive vontade de aprender com elas.

Quando realizei a palestra deste capítulo, por exemplo, haviam separado para mim um traje de uma cor que eu não sabia dizer se era laranja ou rosa. Assim, acabei pedindo a opinião de algumas pessoas ao redor para confirmar que aquela cor estava boa mesmo. Se um funcionário fosse trabalhar vestido daquele jeito, enfrentaria uma situação embaraçosa.

Se ele voltasse de um feriado prolongado com aquela aparência, iriam lhe dizer: "Você não ficou esquisito depois de visitar lugares suspeitos?".

Além disso, para combinar com aquela roupa haviam escolhido uma gravata de arco-íris, cores que simbolizam a diversidade gay.

Perguntei: "Tem certeza de que hoje está bom assim?". Alguém respondeu: "Sim, está combinando com o senhor". E lembro que fui vestir o traje pensando: "Será mesmo?". De qualquer forma, o certo é que, neste mundo, quando você muda de ambiente, os valores também mudam.

5
O que é necessário para se tornar uma pessoa cativante?

Uma das qualidades do líder: a capacidade de se recuperar de um estado de desânimo

Nas experiências que ocorreram nesses episódios que apresentei, pensei: "Acho que é melhor aceitar que não há o que fazer na questão de apanhar de todo o mundo".

As pessoas que mudam ao apanhar são as que conseguem ser "padronizadas". Ou seja, elas se tornam pessoas normais, que podem receber instruções, ordens e ser usadas como subordinadas.

Mas aquelas que, mesmo apanhando tanto, logo reconstituem as partes que ficaram deformadas, são realmente difíceis de lidar. Ao que parece, esse ato de retornar ao normal não deixa de ser uma capacidade.

Ao que tudo indica, o indivíduo que tem a capacidade de se recuperar nesses momentos em que uma pessoa normal ficaria mergulhada no desânimo possui uma espécie de "poder divino". Em certo sentido, essa capacidade é uma das qualidades de um líder.

Numa situação em que as pessoas normais ficariam desanimadas, deprimidas ou decepcionadas, o líder pensaria em como se reconstituir e, ainda, continuar avançando. Essa é uma qualidade muito importante de um líder. É difícil para uma pessoa comum ter essa atitude; o normal é que passe um longo período na autopiedade.

Contudo, eu mesmo, quando era jovem, tive inúmeras ocasiões nas quais, ao final do dia, via brotar em mim sentimentos de autopiedade ou de autorrejeição, e tinha pensamentos como: "Que dia mais vergonhoso. É uma vida assim que vou continuar tendo? Quero me enfiar em algum buraco". É claro que não é uma experiência para me orgulhar.

Atualmente, procuro incentivar as pessoas a praticarem a reflexão, mas antigamente não estava em condições de fazer isso. Não sabia como me desembaraçar de uma situação dessas.

Agora, procuro pensar em coisas louváveis antes de dormir: "Será que consegui avançar pelo menos um passo? Será que evitei desperdiçar o dia de hoje?".

Para minha vergonha, meu estado de espírito quando era jovem não diferia tanto daquele do escritor Osamu Dazai[6] (1909-1948). Lembro-me de que eu costumava sentir que: "Viver é passar por vergonha". Entretanto, mais tarde fui efetuando mudanças: eu até ficava cabisbaixo, mas logo me recuperava. Sabia que era muito importante ter a capacidade de me reconstituir, de me recompor depois de um dia, depois de alguns dias ou ao iniciar uma nova semana depois do fim de semana.

Quem se mantém na autopiedade parece egocêntrico

No final das contas, para as outras pessoas não importa se você se entrega à autopiedade, se continua tendo pena de si mesmo. Talvez elas demonstrem um pouco de compaixão, mas o certo é que não lhe

---

[6] Um dos maiores escritores japoneses de ficção do século XX. Teve uma vida conturbada; após várias tentativas, conseguiu cometer suicídio. (N. do T.)

darão atenção por muito tempo. Elas não vão fazer companhia a quem fica arrastando sentimentos negativos por muito tempo.

Mas, se você se sente assim, não percebe que está tomando amor dos outros. Em vez disso, tem pena de si e acha que está numa tragédia como a da Cinderela.

Quem se concentra na autocompaixão para aliviar a própria dor basicamente não está pensando nos outros. Por isso, a pessoa é vista como bem egocêntrica. E o problema é que ela não se enxerga dessa forma. Fica apenas se preocupando com desculpas: "Fulano me feriu. Beltrano me caluniou".

Essa situação deve ser revertida o quanto antes, e é possível superá-la por meio de ideologias.

Martele um "novo prego de uma filosofia iluminadora" por cima do "prego do fracasso"

Dentre as primeiras mensagens espirituais realizadas na Happy Science, há uma passagem que diz o seguinte: "Por mais que uma pessoa se esforce, é difícil arrancar um prego fincado numa tábua. No entanto, quando se martela outro prego por cima, o prego anterior acaba saindo por baixo". É uma parábola para o fato de que um ser humano não pode carregar dois sentimentos distintos ao mesmo tempo. Não é possível ter um coração sombrio e radiante ao mesmo tempo.

Essa é uma das verdades fundamentais da fase inicial da Happy Science. Não é fácil ter pensamentos sombrios e desanimados e, ao mesmo tempo, viver com alegria. Essas duas situações estão numa relação como a do prego que acabei de apresentar: que, ao martelar um prego por cima do outro, o primeiro vai acabar saindo.

Portanto, se você está com um sentimento sombrio ou desanimado, é importante pensar em um modo de invertê-lo o mais rápido possível.

Enquanto continuar com esse sentimento, você não só vai se sentir patético como viverá roubando o amor de diversas pessoas – como seus familiares, colegas de trabalho e demais tipos de relacionamentos. No entanto, você não percebe isso. Quanto mais tentam consolá-lo, mais você se sente o protagonista de uma tragédia e mais se torna um sugador de amor.

Isso ocorre porque você não acha que está dando trabalho aos outros. Em vez disso, pensa que, de alguma forma, você se machuca por que é puro.

Na vida sempre ocorrem muitos fracassos. Há momentos em que nada parece dar certo. Talvez seu paradigma seja diferente do senso comum, ou então seu pensamento não combine com a tradição da empresa. De qualquer forma, se você acha que fincou um "prego do fracasso", precisa eliminá-lo martelando por cima o "prego que contém uma filosofia iluminadora".

Em suma, combata o negativo com o positivo. Por exemplo, se você estiver desanimado, tente atacar a questão por um ângulo diferente. Fiquei bem aliviado depois que adotei essa maneira de pensar.

Enobreça a *inveja* e o *complexo de inferioridade* transformando-os em uma energia positiva

Outra ação necessária para se tornar uma pessoa cativante é adotar medidas contra a inveja e o complexo de inferioridade. São sentimentos que tive com frequência na minha juventude.

Creio que muitos indivíduos começam a senti-los na época de estudante. Hoje, talvez alguns até os percebam ainda no ensino fundamental. Nos ensinos fundamental e médio, esses sentimentos talvez comecem a se manifestar na capacidade de estudar, passando para outras situações, como a habilidade esportiva, a popularidade com o sexo oposto ou a aceitação ou não pelos colegas. Muitos indivíduos acabam por se tornar adultos carregando um complexo de inferioridade desenvolvido nessas circunstâncias.

Além disso, há uma enorme variedade de pessoas mais abençoadas do que você: as que são boas nos estudos, as que falam bem inglês, as que têm uma aparência elegante. Outras possuem pais ricos e dizem que passaram as férias na Suíça. Quando elas falam desse jeito, costumam causar raiva ou inveja: "Eu nem fui a Karuizawa, e ele diz que foi à Suíça?". Talvez quatro ou cinco pessoas que pensam do mesmo modo se juntem e tenham vontade de fazer uma "conferência". Talvez a família delas seja de uma boa linhagem. Mesmo assim, muita gente fica inconformada quando ouve: "Dizem que ele tem outra casa na Suíça!" e fica com vontade de maltratar aquela pessoa. Dessa forma, o complexo de inferioridade e a inveja existem em situações próximas, e você deve superá-los. Eles se manifestam não apenas na idade escolar, mas se estendem ao longo da vida adulta.

Esses sentimentos têm continuidade quando você se compara com os outros. Se não fizer algo para dominá-los, infelizmente você se tornará uma pessoa sem atratividade, que ninguém gostaria de ser.

A característica das pessoas de sucesso é que elas são habilidosas em enobrecer a inveja e o complexo de inferioridade e transformá-los em energias positivas. São ótimas nessa tarefa.

Usar o complexo de inferioridade como o *princípio da coragem* para incentivar as pessoas ao redor

O complexo de inferioridade pode ser usado também como o *princípio da coragem*. Por exemplo, o empresário Konosuke Matsushita, de quem já falei anteriormente, contou repetidas vezes que não completou o ensino fundamental, em vez de esconder esse fato.

Foi um indivíduo assim que fez uma empresa crescer: começou a contratar pessoas com o ensino médio completo, depois as formadas em um colégio técnico, as graduadas em uma faculdade e, finalmente, engenheiros formados nas melhores universidades.

O normal seria que ele tivesse muita inveja e se sentisse inferior a seus subalternos, sem ter o que fazer a respeito. Em vez disso, para ele, seus funcionários eram mais respeitáveis do que ele próprio. Por isso, comandava-os com um sentimento de gratidão: "Fico grato por poder contar com o apoio de tanta gente respeitável".

Hoje, Kazuo Inamori[7] tem um perfil parecido. Ele prestou exame para ingressar na Escola Ginasial de Kagoshima[8] e foi reprovado; tentou a Universidade de Osaka e foi reprovado; em sua fase universitária, era um estudante medíocre; ao participar do processo seletivo de várias companhias, foi reprovado nos testes das principais fabricantes de eletroeletrônicos; assim, acabou entrando para uma empresa desco-

---

7 Empresário e filantropo que fundou grandes empresas como a Kyocera (multinacional fabricante de eletrônicos e cerâmicas) e a DDI (atual KDDI, operadora de telecomunicações). Também se tornou presidente do conselho da JAL (Japan Airlines, hoje a segunda maior companhia aérea japonesa) em 2010 para reestruturá-la, após sua declaração de concordata em 2009. Desde 2012, depois de apenas três anos sob a administração de Inamori, a JAL opera no positivo. (N. do T.)
8 No Brasil, seria o período correspondente aos cinco anos finais do ensino fundamental.

nhecida. Esforçou-se por muitos anos naquele lugar e, quando resolveu se tornar independente, havia pessoas que queriam segui-lo. Então, Inamori fundou sua própria empresa e desenvolveu-a.

Mais tarde, fundou a Kyocera, a DDI (atual KDDI) e, mais recentemente, engajou-se na reestruturação da JAL. Ele também revelava claramente que tinha complexo de inferioridade e transmitia o princípio da coragem, dizendo: "Mesmo uma pessoa como eu obteve um sucesso nesse nível. Não é óbvio que pessoas mais brilhantes do que eu possam ir mais longe?".

Esse também é o caso em que um sucesso considerado acima de certo nível, visto de forma objetiva pela sociedade, é capaz de transformar o passado em uma história comovente.

Contudo, se você não chegar a esse nível, poderá apenas manter sua autopiedade e ficar olhando para seu passado. Por isso, essa dosagem é bem difícil.

Mas, se você usar com habilidade esses sentimentos negativos, fará com que funcionem como blocos de partida – equipamentos usados nas corridas de 100 metros que servem de apoio aos pés para o impulso inicial; será uma oportunidade para aumentar a velocidade por meio do impulso no sentido contrário. Assim, é melhor fazer do complexo de inferioridade e da inveja um trampolim para transformar esses sentimentos em uma força positiva.

6

Características das pessoas cativantes

Quanto maior o sucesso conquistado por esforço próprio, mais a pessoa sente que foi graças àqueles ao seu redor

Nesse processo de transformar o complexo de inferioridade e a inveja em positividade, de que forma podemos revertê-los? Naturalmente, exige-se um esforço por parte da própria pessoa. Quem não se esforça tem poucas chances de desbravar o caminho para o sucesso. E é nesse esforço de abrir caminhos que ocorre uma mudança na maneira de pensar: em vez de creditar a si mesmo o esforço que lhe trouxe o sucesso alcançado, o indivíduo passa a dar o crédito aos outros ou à vontade de Deus. Quanto mais uma pessoa se esforça, adquire capacitação e conquista o sucesso, mais ela afirma que foi por causa da força da sorte, do poder de Deus ou da ajuda de muitas pessoas. Contudo, quanto menos uma pessoa se empenha para se lapidar e se erguer, mais ela culpa os outros pelo fracasso, sendo intransigente nesta posição.

    Essa atitude é importante: mesmo que, na prática, você realize as coisas com seu esforço, dê mais crédito aos outros, reduzindo seu mérito. Isso é *humildade*.

Seja *humilde* – mesmo quando estiver perseguindo um *grande sonho*

Para ser uma pessoa cativante, em certo sentido você deve ser "ambicioso". Quando é jovem, você aparenta ser mais cativante aos olhos dos outros se mostrar um lado arrojado que carrega um grande sonho, revelando grandes ambições, mesmo que pareça estar blefando.

No entanto, você não pode demonstrar um excesso de confiança, a ponto de fazer com que os outros não aguentem sua presença por muito tempo. Por um lado, seja um pouco arrojado, mostrando que tem um grande sonho; por outro, tenha humildade. Embora seja difícil conciliar esses dois aspectos – perseguir um grande sonho e, ao mesmo tempo, ser humilde –, não consigo deixar de sentir que a pessoa que se esforça por meio do autocontrole para conciliar os dois lados é que se torna cativante.

A Coreia do Norte e a China nos mostram como perder a atratividade

Suponha agora que não ser atrativo signifique ser odiado. Vejamos na vida real um exemplo de uma pessoa odiada: basta assistir à Emissora Central Coreana, que de vez em quando aparece nos noticiários da tevê japonesa. Os noticiários caluniam um alvo exaustivamente sem levar em consideração a posição do outro; ficam apenas reforçando sua própria posição e alegam continuamente que eles é que estão certos. É isso que ficam transmitindo em rede nacional de modo incansável.

O mesmo pode ser dito do ministro das Relações Exteriores e do porta-voz da China. Fazem declarações unilaterais para o público sobre seus pontos de vista sem dar nenhuma abertura ao diálogo. Talvez consigam fazer uma lavagem cerebral na sua população, mas não nos estrangeiros. Quem recebeu algo chamado *liberdade* não sofrerá lavagem cerebral com isso.

Ao que parece, eles não sabem que, para quem tem a *liberdade da contestação*, esse modo de agir não surte efeito. As informações que emitem nos fazem suspeitar o que eles devem estar pensando: "Se conseguimos fazer com que nossa população nos obedeça, podemos tentar o mesmo com os estrangeiros".

É como se eles estivessem mostrando *como não ser cativante*. Tenho vontade de dizer-lhes: "Por que não consideram pelo menos um pouco que os senhores é que são o problema?".

Já para o Japão, que está se desvalorizando tanto, tenho vontade de dizer: "Não é melhor reconhecermos pelo menos o mínimo dos nossos pontos positivos também?".

Gostaria que o partido da Happy Science avaliasse se não está agindo como a Emissora Central Coreana. Que pensasse se não está levando em conta apenas sua posição, criticando incessantemente os outros.

É importante fazer um esforço, seja ele dar uma pequena atenção ou ter um pouco de consideração, para não ser totalmente unilateral nas afirmações.

A pessoa cativante é justamente aquela que se dedicou a concluir seus planos com convicção

Neste capítulo, abordei de diversas formas o tema "como ser uma pessoa cativante". No final das contas, o que eu quis dizer é: "Gostaria que você se dedicasse a concluir seus planos com convicção".

Essa convicção não deve se basear na autoproteção, mas ser aquela que proporciona felicidade às pessoas e guia a sociedade para a direção realmente correta. Quem conseguir levar seus planos até o fim com convicção será uma pessoa cativante.

Os caminhos são muitos, mas o importante é ter uma forte convicção, suportar as diversas críticas e, praticando também a reflexão, conseguir realizar o que é correto. Dessa forma, mesmo aqueles que o censuram logo se tornarão seus fãs.

Mensagem a você 2
O que é o trabalho missionário?

O ponto de partida das atividades religiosas se resume ao "trabalho missionário".

E o que é o "trabalho missionário"? É, essencialmente, a "transmissão do caminho". E que caminho devemos transmitir? É o caminho que nós, seres humanos, devemos trilhar. É o caminho da Verdade.

Muitas pessoas não têm sequer a consciência do caminho que devem percorrer, porque ninguém lhes ensinou qual é o caminho da Verdade.

Seguem uma rota que não deveriam pegar porque acreditam estar viajando confortavelmente por uma estrada reta; mas o fato é que algumas chegam a um vale profundo, outras acabam mergulhando os pés em um pântano ou caem de um penhasco para dentro do mar.

Essa é a verdade da vida vista pela perspectiva espiritual, a perspectiva da Verdade.

Muitas pessoas vivem sem saber que estão caminhando por uma estrada perigosa, e sem saber que tipo de futuro as espera daqui a algumas décadas e além, porque elas observam a realidade apenas com os olhos físicos.

No entanto, com os olhos espirituais, ou seja, pela perspectiva do Mundo Real que vem depois deste mundo, é muito claro perceber qual é o caminho da Verdade, o caminho reto, o caminho correto, e qual é o caminho que leva a vida das pessoas à destruição.

O correto caminho só pode ser revelado pela Verdade ensinada por uma correta religião. Nenhuma disciplina acadêmica, educação ou ideologia pode mostrar o verdadeiro caminho.

Eis a verdadeira missão da religião.

Extraída da palestra "O espírito de missão".

Capítulo 3

O ponto de partida para trazer felicidade à humanidade

~· A importância da religiosidade e da fé ·~

1
Por que a religiosidade e a fé são importantes?

A Happy Science comemorou o 35º ano da data em que atingi a Grande Iluminação e o 30º ano de sua fundação

Para a Happy Science, 2016 foi um ano de marcos, pois comemoramos o 35º ano desde que atingi a Grande Iluminação e o 30º aniversário da fundação oficial de nossa religião.

Como já se passaram mais de trinta anos desde sua fundação, vejo que conseguimos conquistar certa posição no Japão e estamos nos tornando conhecidos mundialmente.

Calculo que, dentre aqueles que conhecem a Happy Science, o número de pessoas fora do Japão seja muito maior que o constatado dentro do país. As atividades no exterior ainda são realizadas de forma progressiva.

Não sei o quanto a província de Tokushima, minha terra natal, é conhecida no exterior, mas acredito que, posteriormente, se tornará a Terra Santa do mundo.

Além disso, em 2016 construímos o Templo Seitankan de El Cantare da Terra Santa em comemoração ao 30º ano da fundação da Happy Science no bairro de Kawashima, na cidade de Yoshinogawa. Realizamos parte da campanha deste templo no nosso filme *Estou Bem, Meu Anjo*.

No íntimo, não deixo de ficar um pouco envergonhado, mas considero que é melhor ter pelo menos uma construção memorial para que fiéis do mundo todo venham cultuar no local.

No futuro, penso que diversas pessoas do mundo todo visitarão Tokushima, não só durante a realização do Festival de Awa Odori[1], mas em diferentes ocasiões, sobretudo na data do meu nascimento, em 7 de julho. Por isso, Tokushima tem um futuro promissor.

Estas são as considerações preliminares, e neste capítulo abordarei sobretudo os aspectos religiosos.

Uma pergunta que perturbou o espírito do ex-primeiro-ministro Takeo Miki, natural de Tokushima

Em 23 de abril de 2016, realizei em Tokushima a palestra que deu origem a este capítulo. Avaliando se não seria necessário coletar informações do mundo espiritual relacionadas a esta cidade, dois dias

---

1 Awa Odori, ou Dança Awa, é uma dança típica da província de Tokushima, de estilo descontraído. Costuma-se comparar o Festival de Awa Odori ao Carnaval do Brasil. (N. do T.)

antes evoquei o espírito de Takeo Miki[2], o único primeiro-ministro nascido nela. Chameio-o no Palácio da Grande Iluminação, o santuário do fundador da Happy Science.

A primeira metade da mensagem estava bem coerente, e senti que ele poderia ser uma pessoa respeitável. Mas, na segunda metade, comecei a perceber que ele parecia desconhecer o mundo espiritual. Ou seja, ele ainda não tinha tanta consciência de sua situação.

Nessa hora, a pergunta que lhe fizeram que mais o perturbou foi: "Por que o senhor escolheu nascer em Tokushima?".

Ele ficou paralisado por um instante, sem saber o que responder. Na verdade, a questão era: "Que missão o senhor cumpriu ao nascer em Tokushima antes de Ryuho Okawa?". Se ele tivesse nascido depois de mim e lhe perguntassem: "Para que o senhor nasceu em Tokushima?", ele saberia responder; no entanto, como a ordem foi inversa, lembro-me de que ele ficou estático por um momento.

Se me fizessem essa mesma pergunta, como eu responderia? "Nasci na terra de Shikoku, pois ela vem sendo protegida como terra espiritual há mais de mil anos depois que o mestre Kūkai construiu 88 pontos de campo espiritual." Esse foi o principal motivo.

---

2 Ver *Mensagem Espiritual de Takeo Miki*, gravada em 21 de abril de 2016.

• AS LEIS DA MISSÃO •

E ter nascido e crescido nesse ambiente espiritual contribuiu bastante para que eu recebesse muita influência cultural.

As matérias acadêmicas e as ciências modernas não aceitam os fenômenos espirituais

No entanto, é verdade também que o fato de eu ter nascido em uma região de profunda fé não significa que todos os meus problemas tenham sido eliminados. A maior parte da minha vida foi um processo de crescimento, passando por conflitos entre os aspectos rurais e urbanos.

Não considero que Shikoku seja uma localização vantajosa para contemplar a conjuntura mundial e a situação geral do Japão.

Porém, comparar a *fé pura* da minha terra natal com a direção para a qual todo o Japão — ou o mundo — está voltado e conhecer essa divergência foi muito útil para pensar a respeito do que devo fazer agora. Posso dizer, também, que foi um aprendizado.

Ao crescer em Tokushima, na ilha de Shikoku, e depois partir para Tóquio, tive a impressão de que havia ocorrido uma grande mudança do senso comum.

Em Tóquio eu não sentia uma postura receptiva quando falava abertamente sobre a fé, o outro mundo e os aspectos espirituais. Parece que as pessoas dali estavam envoltas por um escudo impermeável. Sinto que o mesmo se deu nos estudos, na ciência e na cultura urbana. Tive a impressão de que essa reação era bem frequente nos outros países desenvolvidos. Entrando em detalhes, pode-se dizer o seguinte.

Na era moderna, palavras como *mundo espiritual, o outro mundo, Deus, Buda, espíritos superiores, bodhisattvas*[3] *(Bosatsus)* e *tathagatas*[4] *(Nyorais)* estão quase extintas no meio acadêmico, onde se considera que esses conceitos não existem. A principal corrente de pensamento propaga que a meta do ser humano e da humanidade é apenas tornar este mundo visível um local confortável e nele levar uma vida feliz.

A maioria das pessoas pensa que os vários estudos e as diferentes especialidades consideram que o que ocorre na superfície da Terra é tudo e, mesmo olhando para o universo, que o mundo visto pelo telescópio é tudo o que existe; acha que este é o "mundo aberto".

A fé dos japoneses do pós-guerra está apenas no nível da *superstição*

No prefácio do livro que publiquei com a mensagem espiritual do ex-primeiro-ministro Takeo Fukuda[5]

---

[3] Seres do budismo equiparados aos Anjos do cristianismo.
[4] Seres do budismo equiparados aos Arcanjos do cristianismo.
[5] *Mensagem espiritual de Takeo Fukuda transmitida aos integrantes do Partido Liberal Democrático*, Tóquio: Instituto Happy Science de Governo e Gestão, 2016.

escrevi que, numa pesquisa realizada nos Estados Unidos que consistia na pergunta direta: "Você crê em Deus?", 98% responderam: "Sim".

Pode haver variação para cada pesquisa realizada, mas 98% dos entrevistados responderam que acreditam em Deus e apenas 2% responderam que não.

Por outro lado, se essa mesma pergunta direta for feita aos japoneses, apenas 15% ou 16% irão responder afirmativamente. Somente uma ou duas pessoas em dez conseguem responder "sim" quando lhes perguntam se acreditam em Deus.

No entanto, quando mudamos a pergunta para: "Você vai para a primeira visita aos templos e santuários no início do ano?", "Você visita os túmulos?", "Você acredita em amuletos?", "Você tem vontade de receber um ritual para espantar males?", nesses casos, mais da metade responde que isso pode acontecer.

Por mais que digam que não creem em Deus ou em Buda, os japoneses carregam amuletos de preces para ser aprovados em exames ou para obter proteção no trânsito. Se Deus ou Buda não existisse, não haveria sentido em carregá-los consigo.

A impressão que dá é que eles acham que, limitando a fé apenas ao nível da superstição, conseguem acompanhar a evolução atual deste mundo e conviver com ela.

• O PONTO DE PARTIDA PARA TRAZER FELICIDADE À HUMANIDADE •

Esse é o senso comum do Japão atual, que está bem distante do senso comum do mundo.

Não era o que costumava ser antigamente. Depois da Segunda Guerra Mundial, essa tendência cética ganhou muita força. Com o estabelecimento da nova Constituição, a imposição da separação entre política e religião e a retirada da religião do currículo escolar, a religião passou a ser tratada como uma espécie de superstição, mas não significa que foi sempre assim.

Ou seja, a situação *anormal* são os setenta anos pós-guerra. Antes desse período, se perguntassem aos japoneses: "Você crê em Deus?", 98% – assim como os americanos atualmente – responderiam: "É óbvio que Deus ou Buda existe".

Não necessariamente todos os valores de uma nação perdedora estão errados. Eu gostaria de dizer aos japoneses que não se deve ser tão autopunitivo como o que ocorre hoje.

Nesta civilização material podem surgir vencedores e perdedores, mas negar toda a tradição ou destruir tudo o que se acreditava quando se é o perdedor é um exagero. Esses eventos devem se desenrolar como um pêndulo que, quando sai do lugar, tem de voltar ao normal.

Centenas de mensagens espirituais mostram seres espirituais com diferentes personalidades

Tenho conduzido as atividades da Happy Science por trinta anos desejando a todos que tenham esse espírito de voltar à normalidade.

Realizei muitas palestras e publiquei vários livros conceituais, mas, além disso, lancei um número expressivo de mensagens espirituais[6].

Algumas pessoas me perguntam: "É preciso publicar mensagens espirituais? Não bastaria o mestre pregar seus pensamentos e ensinamentos?". Eu também, pensando dessa maneira, fiquei mais de dez anos sem publicar novas mensagens espirituais.

Porém, à medida que nasciam novas pessoas, e esses jovens se tornavam adultos, percebi que muitos deles não sabiam o que era uma mensagem espiritual.

Tinham reações como: "O outro mundo existe? É verdade que, mesmo depois da morte, a personalidade permanece e continua do jeito que é? A alma não é o cérebro? Se o cérebro para, o ser humano não deixa de existir?". Havia aumentado o número de pessoas para quem o óbvio e o senso comum era de que a alma não existe.

Desse modo, muita gente considera que a alma ou o outro mundo são efeitos do cérebro ou do sis-

---

6 Em dezembro de 2016, esse número passou de 400.

tema nervoso. Mas se, depois do seu funeral, sua capacidade cognitiva ainda continuar, você vai perceber que não é bem assim. Por isso, estou apresentando ao mundo inúmeras mensagens espirituais.

No meio delas, há também opiniões que divergem da minha por se tratar de um pensamento peculiar do ser em questão.

Nesse sentido, a *unificação da doutrina* se torna difícil, mas tenho publicado muitas dessas mensagens para demonstrar que, da mesma forma que há diferentes pessoas com personalidades distintas neste mundo, depois que morremos e retornamos ao outro mundo continuam a existir diferentes indivíduos, cada um com a personalidade que lhe é peculiar.

O que isso quer dizer? Ao nascer neste mundo, você vive sua vida durante algumas décadas e, no final, retorna ao outro mundo. Significa que, mesmo que você morra e seu corpo seja sepultado ou cremado, isso não é o fim. Esse conceito é muito relevante.

A fé tem força para tornar o mundo um lugar benéfico

Se a morte e o sepultamento fossem o fim, talvez você chegasse à conclusão de que seria melhor tirar o máximo possível de satisfação e prazer da vida, e de maneira egoísta. Mas, e se a morte não for o fim, o que você fará? Se pensar por este ponto de vista, sua vida vai mudar completamente.

Dando um passo adiante, posso começar dizendo-lhe: "Seu avô e sua avó o estão observando", e até afirmar: "Deus ou Buda está observando sua vida".

Atualmente, a maioria das pessoas talvez dê risada de quem diz isso. Mas, se você viver considerando que isso é verdade, que Deus ou Buda está olhando para você, que seus avós o estão acompanhando por toda sua vida, não será fácil você cometer atos de maldade, ainda que seja um único.

O mesmo vale para uma criança ou adolescente. Um estudante do colegial pode ir a uma loja de conveniências à noite e, ao perceber que o vendedor está sozinho e é desatento, pode ter vontade de "levar" dois ou três produtos, achando que ninguém vai notar. Mas, ao pensar que seu avô pode estar observando, que Deus não o deixaria escapar, uma força de contenção vai agir sobre o estudante. Na verdade, esse tipo de controle é a força da fé. Ela é capaz de tornar o mundo um lugar benéfico e promover as ações moralmente.

Mesmo que outras pessoas não estejam olhando, por saber que há alguém no outro mundo acompanhando sua vida você passa a se corrigir. Por outro lado, se tudo o que você faz fosse monitorado por câmeras, a vida seria desagradável; por isso é que o mundo foi feito de modo que não enxerguemos esses seres e possamos viver achando que ninguém está olhando o que estamos fazendo.

No entanto, às vezes nos lembramos deles porque sentimos espiritualmente sua presença ou porque os pais ou os parentes nos falam de ensinamentos religiosos.

É muito importante que você não se esqueça da existência de seres assim. Essa postura religiosa e de fé é fundamental.

2
As duas direções que separam o bem e o mal

Mesmo eu, que lido com "fantasmas" todos os dias, tenho medo de filmes de terror

Infelizmente, hoje em dia há muitos assuntos ligados a "coisas espirituais" e "coisas religiosas", propagados no Japão, que amedrontam qualquer um.

Quase todos os dias eu gravo mensagens espirituais e tenho um diálogo real com seres do outro mundo. Depois, publico esse conteúdo transformando-o em livros e vídeos. Você pode pensar que, por levar esse tipo de vida, eu não tenho nenhum medo dos seres do outro mundo. Oficialmente, não acho nada assustador.

Porém, quando se trata de filmes de terror como *O Chamado* ou *O Exorcista*, dá medo mesmo. Acabo pensando: "Que medo! Isso me dá arrepios".

Mas, depois, dou-me conta: "Espere, eu lido com 'fantasmas' todos os dias; por isso, não posso ter medo". E, então, penso: "Os diretores criaram o filme com o intuito de causar medo. Talvez eles conheçam algumas histórias de espíritos, mas produziram o filme sem saber exatamente o que são. Eu, que converso com seres do outro mundo todos os dias, não posso sentir medo ao assistir a um filme criado por pessoas com esse nível de consciência". E recomponho meus pensamentos.

No entanto, às vezes considero meu trabalho neste mundo bem árduo e difícil, e não consigo imaginar uma saída.

Nessas horas, quando assisto a um filme de terror, mesmo que seja uma ficção, fico com o moral elevado como o dos guerreiros, com vontade de lutar. Portanto, não estou dizendo que essas obras não têm nenhum efeito sobre mim.

Para afastar o mau espírito, é preciso o "poder dármico" que vem com a iluminação

Os filmes sobre exorcismo costumam ter um roteiro no qual exorcistas reconhecidos oficialmente pelo Vaticano são todos derrotados, um após o outro. Os personagens morrem caindo pela janela, rolando pela escada. É tão lamentável que me sinto indignado.

Eu mesmo já enfrentei vários demônios, e não sou tão fraco daquele jeito. Creio que muitas pessoas já me assistiram em vídeo afastando-os facilmente, em poucos segundos. Basta que eu diga a um deles: "Saia!", e ele vai embora. Quando há a necessidade de gravar uma mensagem espiritual de um demônio[7], posso invocá-lo para fazê-lo falar. Mas, depois de finalizar, afasto-o em poucos segundos.

A diferença é enorme. Não é como nos filmes. Neles, os exorcistas credenciados pelo Vaticano leem a Bíblia em latim, mostram a cruz e jogam água benta na entidade. Apesar desse esforço, o demônio fica rindo, sem demonstrar nenhum sinal de que irá embora.

No entanto, se você tem uma iluminação real, e, portanto, está acompanhado de um "poder dármico", é capaz de afastar seres de diferentes níveis, como maus espíritos, espíritos perversos e até mesmo demônios.

---

7 Ver o livro *Introdução ao Exorcismo*, publicado somente em japonês pela IRH Press Tóquio, 2010.

Quem alcançou a iluminação e continua praticando o aprimoramento diariamente vai adquirir uma espécie de poder. Da mesma forma que você passa a ter o "poder meditativo" ao praticar a meditação, você adquire algum poder ao praticar os diversos tipos de aprimoramento ascético.

Em Shikoku, o budismo esotérico do mestre Kūkai está na moda. Creio que a vida dele foi de exorcismo, afastando muitos maus espíritos. Eu posso sentir isso muito bem.

O rumo do ser humano é determinado pelo que ele deseja aos outros: felicidade ou infelicidade

É comum surgirem espíritos que ainda sofrem, como o de pessoas que morreram num acidente de trânsito ou por causa de uma doença repentina. Por isso, não é surpresa encontrar seres assim. No entanto, há seres maldosos que estão por trás desses espíritos sofredores que querem puxá-los para o Inferno ou usá-los para causar mais infelicidade soltando-os no meio de uma família infeliz para destruí-la.

Há seres espirituais desse tipo, que manipulam outros espíritos às escondidas, tramando esses atos de forma planejada. Às vezes, temos de lutar contra esses seres; o que eles fazem é imperdoável. Quando estamos infelizes sozinhos, até certo pon-

• O PONTO DE PARTIDA PARA TRAZER FELICIDADE À HUMANIDADE •

to temos de aceitar esse infortúnio. No entanto, há aqueles no mundo que, quando não conseguem ser felizes, tentam pelo menos puxar os outros para a infelicidade zombando deles e sentindo prazer com o sofrimento alheio.

São, por exemplo, aqueles que não tiveram sucesso em ganhar dinheiro, mas ficam contentes ao ver os outros fracassarem em construir sua fortuna ou falirem, dizendo: "Bem feito!". Ou aqueles que têm uma doença incurável e, quando ficam sabendo que alguém da vizinhança morreu de câncer, pensam: "Bem feito!". Desse modo, existem pessoas que, ao ver a infelicidade alheia, sentem-se aliviadas e aptas a perdoar. No entanto, saiba que, considerando-se o comportamento do ser humano, essa é a pior conduta.

Há ocasiões em que você não consegue ser feliz devido a influências do ambiente, do sistema político ou das pessoas ao seu redor. Talvez você não tenha crescido em um bom lar. No entanto, pode haver algum motivo para que você não tenha sido abençoado ou não consiga obter a felicidade agora. Reflita e tente descobrir o motivo. Saiba que, se você usa essas circunstâncias como desculpa para desejar infelicidade aos outros, esse é o sentimento que entra em sintonia com o dos maus espíritos e demônios.

O princípio é simples. Não é algo tão complicado. O que você deseja aos outros: felicidade ou infelicidade? A escolha que você faz é o que vai determinar o rumo de sua vida.

Em outras palavras, a pessoa que passa as décadas de sua vida desejando a felicidade de outras irá, basicamente, retornar para o Mundo Celestial. Quando ela morre, os Anjos e *Bodhisattvas* vêm buscá-la, levando-a para o lugar que ela merece.

No entanto, há indivíduos que desejam a infelicidade dos outros, juntando-se às maldades dos maus espíritos e demônios enquanto ainda vivem no mundo terreno.

É o caso do *bullying*, retratado também no nosso filme *Estou Bem, Meu Anjo*. Há pessoas que, mesmo considerando que é errado um grupo maltratar um indivíduo, sentem-se bem por fazer parte dessa intimidação. Há outras que vivem de forma covarde e entram para o grupo que pratica o *bullying* para se proteger, achando que, dessa forma, não serão alvo dos maus-tratos. Ambas as situações levam a pessoa a desejar a infelicidade dos outros.

O discernimento entre o bem e o mal consiste basicamente nisso. Você vai optar pela felicidade das outras pessoas? Quer construir sua vida de modo que proporcione felicidade aos demais? Quer ter esse tipo de vida? Quer ter esse tipo de trabalho? Ou, ao contrário, você prefere viver desejando infelicidade ao próximo? Esses são os dois principais caminhos. Claro, se nos aprofundarmos encontraremos diversas ramificações, mas basicamente são esses dois caminhos.

Aumente no mundo terreno o número de pessoas que desejam felicidade aos outros

Como é a "felicidade de toda a humanidade" que a Happy Science almeja? Basicamente, estamos tentando aumentar o número de pessoas que desejam fazer a felicidade do próximo crescer. Que não tenham vontade de piorar o mundo ou tornar os outros infelizes, ou se deixem levar por esse espírito só porque acham que é normal pensar assim.

O instinto animal do ser humano serve para se proteger e derrubar os outros. Todos os animais vivem cheios de medo de serem devorados ou de morrerem de fome, os medos básicos dos quais eles praticamente não conseguem escapar. Passam a vida toda cheios desse tipo de pavor. E esse medo está se alastrando entre os seres humanos.

Nós, como seres mais sofisticados, precisamos ter uma noção nítida do que é o bem e o que é o mal. Mas, em certos casos, é difícil discernir o bem e o mal de forma prática, e às vezes não conseguimos chegar a uma conclusão. Porém, de modo geral, como já mencionei, temos de viver pensando bem se a direção para a qual estamos conduzindo as outras pessoas vai deixá-las felizes ou infelizes. Esse é o ponto de partida.

3
Pensar nas questões políticas do ponto de vista da religião

Um diretor do Partido Democrático pediu para protegermos a vida dos integrantes da Força de Autodefesa

Tivemos uma visão abrangente na questão do bem e do mal, mas algumas situações específicas abrigam problemas difíceis.

A maioria dos grupos religiosos hoje atua politicamente em questões como antiguerra, paz e preservação ambiental. É o caso dos monges budistas, dos sacerdotes cristãos e das novas religiões. Lemas como "Antiguerra", "Paz", "Preservação ambiental", "Proteja o dugongo[8] de Okinawa" soam bem, e fazem as pessoas sentirem-se bem defendendo essas questões.

Por outro lado, o projeto de lei denominado "Projeto de Lei de Guerra", que permite ao Japão e

---

[8] Mamífero aquático parente do peixe-boi. (N. do T.)

aos Estados Unidos executarem manobras militares conjuntas, está sendo criticado pelos japoneses por receio de serem envolvidos em uma guerra.

O novo presidente do conselho de planejamento político do Partido Democrático estava dizendo: "Proteja a vida dos integrantes da Força de Autodefesa do Japão!". Isso me deixou atônito: "Como assim? Não é dever da Força de Autodefesa proteger a vida dos cidadãos japoneses?". Duvidei, por um instante, do que tinha escutado.

E se, por exemplo, uma pessoa faz um discurso animado na frente do carro de bombeiros proclamando: "Proteja a vida dos bombeiros", no momento em que está ocorrendo um incêndio? O normal é que ela seja criticada: "O que você está dizendo? O trabalho dos bombeiros não é justamente arriscar a vida para salvar as pessoas que estão no incêndio? Não é trabalho deles apagar o fogo?". A maioria das pessoas acharia estranho se alguém insistisse em proteger a vida dos bombeiros impedindo-os de sair para trabalhar. Dessa forma, existem profissões que envolvem risco de vida.

O mesmo se pode dizer dos policiais. Se houvesse uma campanha defendendo a proteção da vida deles, eles não iriam mais adentrar lugares perigosos. Se alguém pedisse socorro por estar sob a ameaça de um indivíduo armado com uma faca, o policial poderia não correr para auxiliar a vítima, alegando ter medo também. Desse jeito a polícia não funcionaria. Seriam apenas ladrões de impostos, não haveria como chamar de outra coisa.

Assim, há profissionais que, dependendo de sua atividade, têm de correr risco de vida para proteger outras pessoas.

O que as pessoas engajadas na religião não podem confundir quanto ao "mal"

Essas considerações também se aplicam às pessoas engajadas em uma religião. Como mencionei antes, às vezes um indivíduo fica perdido nesse mundo depois que morre, e o trabalho da religião é salvá-lo. Essa é uma situação frequente, mas há outras circunstâncias em que pessoas com grandes ambições agem para prejudicar o mundo. Nessas horas, a religião deve igualmente tomar alguma atitude concreta para impedi-las.

Para tanto, a força de um indivíduo sozinho é insuficiente. É necessário reunir o pensamento de muitos para criar uma força coletiva a fim de alterar esse rumo de destruição.

Não podemos nos confundir nessa parte. Por favor, pense bem. Há pessoas que defendem a "paz" ou a "preservação ambiental", e as pessoas de uma religião que são atuantes gostam muito de participar desse tipo de movimento. Eu mesmo, se possível, gostaria de defender essas causas.

Mas se essa posição significar, em última instância, que seremos mais covardes, que não nos importaremos com a felicidade dos outros nem teremos mais interesse por eles, e que iremos nos concentrar apenas nos nossos próprios afazeres, isso não seria um grande problema? Temos de ser mais inteligentes nesses aspectos.

Quando há muitos terremotos, é porque a nação está corrompida

Os terremotos são outro assunto em pauta no Japão, uma questão bem difícil da atualidade. Quando ocorrem, eles causam estragos, tiram vidas e deixam vítimas pedindo socorro. Salvá-las é um ato heroico que ninguém contesta. A própria Happy Science, durante essas ocorrências, sempre procura fornecer refeições e água. É uma atitude natural e não há nada a ser criticado.

No entanto, quanto aos fatores que ocasionam os terremotos, há indivíduos que pensam apenas do ponto de vista materialista, atribuindo a causa às falhas geológicas. Todavia eu tenho minhas objeções. Essas falhas geológicas existem desde tempos remotos, mas por que estariam ativas só agora? Esse é o problema e é isso que estamos investigando.

O arquipélago japonês é o local onde ocorrem cerca de 10% de todos os terremotos do mundo. Não podemos deter o próprio terremoto tentando prevê-lo; porém, quando analisamos o passado, percebemos que os abalos sísmicos são mais comuns nos momentos em que a nação está corrompida.

Nessas circunstâncias, os terremotos, os tsunamis, as erupções vulcânicas, a escassez de alimentos e as epidemias se tornam frequentes. Também nessas horas diversos sacerdotes entram em cena para pregar novos ensinamentos. No âmbito da política pode ocorrer uma revolução; por exemplo, o colapso de uma ditadura e o estabelecimento de um novo regime em seu lugar. Isso acontece quando o Céu não está contente com os seres humanos.

Os deuses relacionados ao Japão estão cobrando a reforma da sociedade

Nos anos recentes, grandes terremotos estão se sucedendo, como o Grande Sismo de Hanshin-Awaji (1995), o Grande Terremoto do Leste do Japão (2011) e o Terremoto de Kumamoto (2016). Nos últimos 20 ou 25 anos, os japoneses têm passado por um período de estagnação econômica, e parece que os deuses relacionados ao Japão estão descontentes e não querem aceitar esta situação. Sinto que eles estão insatisfeitos porque, embora esteja numa posição em que poderia crescer ainda mais e liderar o mundo, o país está abandonando essa possibilidade.

Por isso, creio que eles estão exigindo uma reforma da sociedade. Essa é a informação que estamos captando do mundo espiritual.

Quanto à Happy Science, eles estão nos repreendendo: "A Happy Science foi fundada há trinta anos, mas ainda está desse tamanho? É só isso que vocês avançaram? O que estão fazendo?". Sinto que estão nos questionando: "Passados trinta anos, ainda estão nesse nível? Achei que conseguissem corrigir bem a sociedade, mas vemos que não progrediram tanto", e eu me sinto responsável por isso.

É desejável haver uma força capaz de causar uma onda maior ainda. Se uma força assim não surgir por todo o Japão, será difícil alcançarmos o mundo todo, essa é a realidade. É difícil descrever essa frustração em palavras.

A província de Tokushima poderia ter um "Aeroporto El Cantare"

Talvez os habitantes de Shikoku estejam com medo, imaginando que, como estão ocorrendo muitos terremotos nas regiões de Kumamoto e Oita por causa do deslocamento das falhas geológicas e que a linha tectônica mediana se estende até Matsuyama, na província Ehime, ou Yoshinogawa, na província Tokushima, a ilha de Shikoku poderia se partir em duas.

Acontece que Shikoku é a terra onde eu nasci. Não vou permitir isso! Daqui para a frente, penso em propagar para o mundo todo a doutrina e os pensamentos fundamentais da Happy Science e a nossa energia para trazer felicidade à humanidade. Shikoku é o centro desse movimento, é a fonte emissora desses pensamentos e é o meu berço. Ficaria sem saber o que dizer se o local onde nasci fosse fraco.

Por exemplo, o aeroporto da província de Kōchi recebeu o nome de "Aeroporto Ryōma de Kōchi", e o da província de Tokushima chama-se "Aeroporto Awa Odori de Tokushima". Mas não precisa ser "Awa Odori". Não poderia se chamar "Aeroporto El Cantare de Tokushima"? Creio que não há nenhum problema em fazer essa mudança de nome, e seria mais fácil para os estrangeiros ao redor do mundo reconhecer o local.

Sinto que, se os nossos fiéis de Tokushima ou de Shikoku não se engajarem com o pensamento chegando a esse ponto, ainda faltará um pouco de força. Ficarei muito feliz se tiver um intenso suporte da minha terra natal.

Sou natural da província de Tokushima, da ilha de Shikoku; portanto, na minha cabeça, creio não estar pensando de forma a prejudicar Tokushima, mas fico muito triste por ainda não termos conquistado credibilidade suficiente.

Minhas palestras da Festividade Natalícia, que realizo em julho, ou da Festividade El Cantare, que ocorre em dezembro, estão sendo exibidas em provavelmente oito emissoras regionais (em 2016), mas não ainda na minha terra natal. Por isso, quem quiser assistir a elas tem de fazê-lo pela tevê Wakayama[9].

Além disso, sinto que falta ânimo na minha terra natal. Gostaria que nossos seguidores mostrassem mais a força da terra do nascimento da Happy Science.

A Tenrikyō[10] tem força suficiente para nomear a cidade onde estava sua sede de Tenri, na província de Nara; portanto, minha vontade é de ver também uma força na terra do nascimento de nossa religião.

---

9 Dentre as emissoras fora da ilha de Shikoku, é a mais próxima desta.
10 A Tenrikyō é uma religião monoteísta que se originou a partir das revelações feitas a uma mulher japonesa chamada Miki Nakayama. A principal sede da religião está localizada na cidade de Tenri, na província de Nara.

4

Proporcione a chance da salvação e a oportunidade de iluminação por meio da difusão

Transponha o muro que separa este mundo e o outro e agarre a Verdade

Para abordar esse tema, gostaria de dizer, primeiramente, que é preciso estabelecer o que é a Verdade. As pessoas deste mundo não conseguem saber se o ser humano possui alma ou apenas um corpo físico somente por meio da educação escolar. Pelo contrário, a escola tem tendência a ensinar que você é apenas aquilo que você *vê* – o corpo físico.

Ensinar sobre a moral dentro da ideia de que o ser humano é apenas um corpo físico está no mesmo nível de uma regra para explicar procedimentos de trânsito. Falta espiritualidade. Para elevá-la, é preciso ensinar sobre o Mundo da Verdade. É extremamente importante que os educadores e as pessoas de status social elevado tenham uma correta fé. Gostaria que essas pessoas ilustres estudassem sobre o Mundo da Verdade e adquirissem o conhecimento correto. Gostaria que os intelectuais também o estudassem.

Os princípios acadêmicos contemporâneos baseiam-se no ceticismo, seja na abordagem científica, seja na jornalística. O pensamento que predomina é o de levantar dúvidas atrás de dúvidas, para finalmente se chegar à Verdade.

No entanto, duvidar não é a única maneira de chegar à Verdade. Em alguns casos, você deve mergulhar de uma vez, do contrário não vai conseguir obtê-la. Há inevitavelmente um muro entre este e o outro mundo que você deve transpor. Pode ser, também, que seja um vale, e você precisará saltá-lo. Existem essas dificuldades diante da Verdade, e você precisará dar um salto por inteiro, caso contrário não vai conseguir agarrá-la.

É isso que significa "ter fé". Em algum momento da vida, você deve dar esse salto.

No entanto, para as pessoas comuns, a distância até o outro lado desse vale pode parecer tão grande que, se tentarem pular, pensam que vão cair. À medida que vão sendo envenenadas neste mundo, elas sentem cada vez mais que esse salto é difícil, achando que algo terrível pode acontecer na outra margem. Mas, quando você passa a ter certeza do que é a Verdade, deve agarrá-la com força.

Buda Shakyamuni e eu temos em comum a capacidade de enxergar o passado, o presente e o futuro

Os estudos acadêmicos estão se deteriorando, não só aqueles que lidam com os aspectos materiais, como também a ciência que estuda as religiões e o budismo. Estes já estão se tornando meras filosofias.

Os ensinamentos do Buda Shakyamuni, de 2500 anos atrás, tornaram-se filosofias pensadas pela cabeça do ser humano; viraram apenas uma filosofia toda distorcida.

O conteúdo lecionado numa universidade budista também é assim. Ali ensinam até a parte formal: exigem que se respeite a maneira de se sentar para praticar a meditação zen, cobram a entonação dos mantras ou do Sutra do Lótus. Porém, ficam apenas nessa formalidade; não ensinam o significado, pois não acreditam nele.

Por exemplo, há muitos instrutores que acham que Buda apenas ficava sentado, praticando zen como se fosse um praticante de ioga, pensando que, portanto, bastaria levar uma vida frugal e praticar a meditação zen. Entretanto, estão errados.

De fato, Ele ficava sentado praticando a meditação zen e a concentração espiritual, mas os registros de Sua vida são claros: quando Buda alcançou a iluminação sob o pé do pipal, Ele adquiriu os Três Conhecimentos Transcendentais. Adquiriu três luzes.

Esses três conhecimentos são a capacidade de enxergar todo o passado, todo o presente e todo o futuro. Está registrado claramente nas escrituras budistas que, quando alcançou a iluminação, Ele passou a enxergar o passado, o presente e o futuro. Isso é o que significa obter os Três Conhecimentos Transcendentais.

O que significa ter a *capacidade de enxergar o passado*? Nos templos locais e templos Shōja da Happy Science é possível assistir aos vídeos nos quais realizo leituras de vidas passadas. Com certeza nossos fiéis já os viram. Nessas leituras, faço uma investigação espiritual da pessoa em questão, dizendo como era sua vida passada ou uma vida mais anterior, e que tipo de carma ela possui. É frequente eu descrever que uma mulher nesta vida foi um homem numa vida passada ou vice-versa, e, também, o que fazia nessa vida anterior. É o passado da pessoa que estou vendo. Depois, imagino como esse passado está influenciando o presente. Por exemplo, quando surgem problemas no lar ou entre parentes, identifico que tipo de fenômeno espiritual está atuando ou qual a sua causa. Esta é a *capacidade de enxergar o presente*.

Consigo enxergar também como se desenrolará a conjuntura mundial daqui para a frente. Por exemplo, posso ver o que se passa na cabeça de Xi Jinping, presidente da China. Essa também é a *capacidade de enxergar o presente*. O poder de um líder religioso é conseguir identificar, por exemplo, o que Xi Jinping[11] e Donald Trump[12] estão pensando agora. Sou capaz de ler a mente de outras pessoas.

Ademais, com a *capacidade de enxergar o futuro*, posso ler o futuro. Uma vez feita a leitura, analiso se a maneira pela qual o ser humano está vivendo, ou se o futuro da humanidade é aceitável ou não. Se chegar à conclusão de que não é, então tenho de propagar ideologias para mudar isso; apresento meus pensamentos dizendo: "Caminhe para essa direção. Mude para essa mentalidade". É preciso dizer isso.

É assim que funcionam os Três Conhecimentos Transcendentais. Dizem que o Buda Shakyamuni, ao alcançar a iluminação, adquiriu esses conhecimentos.

Buda Shakyamuni adquiriu os Seis Grandes Poderes Divinos e conseguia ter visões remotas

Além disso, dizem que Buda adquiriu os Seis Grandes Poderes Divinos, que consistem em diversas capacidades, todas relacionadas com poderes sobrenaturais.

---

11 Ver livros como *Sekai Kôtei wo Mezasu Otoko* ("O Homem que Almeja Ser o Imperador do Mundo", IRH Press Tóquio, 2010) e *Chûgoku to Shû Kinpei ni Mirai wa Aru ka* ("Há Futuro para a China e para Xi Jinping?", IRH Press Tóquio, 2012). (N. do A.)
12 Ver livro *The Trump Secret: Seeing Through the Past, Present and Future of the New American President* ("O Segredo de Trump: Olhando o Passado, o Presente e o Futuro do Novo Presidente Americano", IRH Press Nova York, 2017). (N. do A.)

Não tem lógica concluir que uma pessoa que obteve poderes divinos – que estão relacionados com os poderes sobrenaturais – pregue ensinamentos que consideram que o outro mundo não existe, nem Deus, nem os espíritos superiores, e que a morte é o fim de tudo. Os acadêmicos e os sacerdotes superiores não estão mais compreendendo esses conceitos fundamentais.

Na época de Buda, não havia sistemas de transporte como os de hoje; assim, Ele fazia o trabalho missionário enquanto caminhava de um mosteiro a outro. Isso se transformou na prática ascética dos monges atuais, na qual eles caminham entre as montanhas. Contudo, foram consideradas apenas as aparências do que fazia Buda.

Aqueles que exercitam a meditação também só estão imitando as aparências, não estão enxergando o conteúdo das práticas.

E que tipo de experiência Buda teria vivenciado? Na verdade, Ele realizava um ritual para se sintonizar com o Mundo Real por meio da meditação. É por isso que adquiriu diversas sabedorias e, com a prática da meditação, conseguia enxergar pessoas que estavam a centenas de quilômetros de distância.

Contam as escrituras budistas que Buda efetuou a visão remota na época em que alcançou a iluminação sob o pé do pipal. Apesar de estar distante centenas de quilômetros, Ele avistou os cinco ascetas no Parque dos Cervos (atualmente Sarnath), local famoso do budismo, junto de quem havia praticado o aprimoramento espiritual. Então, foi andando naquela direção para fazer a primeira pregação e começar a girar a Roda do Darma[13]. Ele conseguia ver aqueles com quem fizera o aprimoramento, onde estava cada um e o que estava fazendo.

O poder que estou demonstrando, ou seja, aquele que descrevo em diversos livros e vídeos, e os poderes de Buda são até certo ponto semelhantes. Mas há aspectos diferentes também. Por exemplo, às vezes executo a "leitura alienígena"[14], na qual faço a leitura de um passado de centenas de milhões de anos atrás. É uma história que leva em conta uma escala de tempo enorme e, por isso, naturalmente, há pessoas que não acreditam. Por outro lado, no budismo os contos de Jakata[15] descrevem muitas histórias de vidas passadas de épocas distantes. A maior parte dos contos narrados é difícil de ser levada a sério se interpretada literalmente, mas Buda fazia relatos sobre diversas vidas passadas.

---

13 O símbolo 'darma' é representado por uma roda de biga de oito raios. A expressão "girar a Roda do Darma" faz alusão ao giro da roda de biga que passa por cima de todos os obstáculos. O autor intensifica este significado ao modernizar esta parábola referindo-se ao tanque de guerra, que não só passa por cima dos obstáculos, como também os esmaga. Ver *Tadashiki Kokoro no Tankyū no Taisetsusa* ("A Importância da Busca do Correto Coração", Tóquio: IRH Press, 2014). (N. do T.)

14 Consiste em fazer uma leitura das memórias de uma vida passada, de uma época em que a alma era alienígena. (N. do A.)

15 Trata-se de um conjunto de 547 histórias muito populares relativas aos nascimentos anteriores de Buda. Estes contos estão preservados em todos os ramos do budismo.

Realizando essa leitura, Buda dizia, por exemplo, que: "Devido a essas reencarnações você está com esta tendência da alma. Por isso, está com essa doença", ou: "Por isso é que está ocorrendo esse problema familiar", ou: "Vocês não se dão bem agora porque, em uma vida passada, eram inimigos. Lembrem-se disso e, nesta vida, procurem ser amigos". Era esse tipo de conselho que Ele dava.

Ao reler os ensinamentos budistas tendo conhecimento desses fatos, você vai perceber aspectos totalmente diferentes.

Contudo, mesmo a maioria dos monges do Período Kamakura[16] não entende esses poderes. A meu ver, pelo menos Kūkai[17] vivenciou uma rica experiência espiritual; por isso, ele os compreendia até certo ponto.

Transmita a Lei para as pessoas ao seu redor ao mesmo tempo que lapida seu coração

Eu gostaria de pregar esta orientação: o aprimoramento que busca a *iluminação individual* existe desde o início. Você deve alcançar sua própria iluminação. Depois, por meio dela, purificar seu coração e elevar

---

16 De 1185 a 1333: período em que houve um forte movimento budista. (N. do T.)
17 Kūkai (774-835) foi um monge budista, erudito, poeta e artista japonês, fundador da escola Shingon ou "palavra verdadeira" do budismo.

seu próprio nível de felicidade. Esse aprimoramento é um tema presente em toda a vida. E a mente que você construir no final é o que você poderá levar de volta para o outro mundo.

Nenhuma das coisas materiais deste mundo podem ser levadas para o outro mundo. A única coisa que você pode levar é o seu coração. Assim, a *primeira iluminação*, que diz respeito a você individualmente, consiste em lapidar bem o coração, dedicar-se diariamente para avançar na direção correta e retornar para o outro mundo.

A *segunda iluminação* pode ser explicada do seguinte modo: o ser humano não foi criado para viver sozinho, ele precisa viver em grupo.

Logo, seguindo este pensamento, você precisa criar em si mesmo a vontade de proporcionar a oportunidade da iluminação para os outros. Há muitas pessoas que nasceram em circunstâncias semelhantes à sua nessa mesma época e que vivem na sua região ou partilham do mesmo local de trabalho. Já que provavelmente elas tiveram algum vínculo para estar vivendo com você na mesma época, dê-lhes a chance da salvação. Queira proporcionar-lhes a oportunidade da iluminação.

O ato de transmitir a Lei ou os ensinamentos é chamado de *difusão* ou *trabalho missionário*. Trata-se de uma tarefa muito importante. As escolas não ensinam esses aspectos religiosos. Antigamente, os lares assumiam também o papel de escola, mas hoje essa função se perdeu. Estamos em uma era na qual o lar já não constitui mais um local que dá educação religiosa ou proporciona a educação da alma.

Se nem a escola nem o lar ensinam sobre religião, alguém tem de ser o guia religioso. Caso contrário, as pessoas vão terminar a vida sem obter esse conhecimento. Gostaria que soubesse disso.

Não se contente apenas em melhorar sua vida. Trabalhe para que as pessoas ao seu redor também despertem para o mundo da Verdade e que, uma vez despertas, juntem-se a nós para que possamos criar uma Utopia na Terra, melhorar o mundo e transformá-lo no Paraíso. O mais importante é se engajar em um movimento que concretize esse ideal. É isso que eu gostaria de destacar.

Portanto, não basta carregar este sentimento apenas como um desejo dentro do coração. Já que nos foi concedido este local de aperfeiçoamento no mundo terreno, temos de trabalhar para transformá-lo na utopia. Você deve avaliar como deseja viver neste mundo, com que pensamento, para que ele se torne um lugar melhor.

5

Como permanecer ativo por toda a vida

No Japão, se não usar o dinheiro dos impostos, uma casa de repouso licenciada não se sustenta

Em abril de 2016, a emissora NHK[18] transmitiu um programa que abordava a questão da "falência na terceira idade" no Japão. Ele mostrava um cenário triste, afirmando que, ao envelhecer, você vai consumir seu dinheiro e morrer como um cachorro.

Dizia algo como: "Não fará diferença se você for morar com os filhos. Como eles terão de cuidar de pais idosos, não vão conseguir trabalhar. Pais e filhos vão falir juntos". O programa estava sendo exibido no *Especial NHK*, mas achei-o questionável.

Aonde o pessoal da emissora queria chegar? Para mim, estão exigindo que o governo pegue o dinheiro dos impostos, seja de onde vier, e use para a terceira idade, caso contrário, nosso futuro de envelhecimento será sombrio. Não vejo outra alegação.

Além disso, a NHK estava fazendo uma matéria sobre a administração das casas de repouso, e declarava que é imperdoável existirem casas não registradas.

---

18 A NHK (iniciais de Nippon Hōsō Kyōkai, Corporação de Radiodifusão Japonesa) é uma emissora pública e uma das principais emissoras do Japão. (N. do T.)

Mas gostaria de analisar essa questão um pouco mais. Dizem que um asilo licenciado, que cobra uma mensalidade, precisa de cerca de 250 mil ienes[19] por mês por idoso, o que é um valor alto. É difícil desembolsar essa quantia.

Por outro lado, os asilos não registrados cobram uma quantia de 100 mil ienes[20] por mês, mas estão sendo criticados por não terem registro. No sistema atual, não há como manter a administração dessas casas.

Como nós, da Happy Science, somos uma religião, desejamos inaugurar uma casa de repouso, e já demos início a uma casa experimental[21]. Pelas regulamentações atuais, para construir uma instituição oficial que acolha 100 idosos são necessários 70 funcionários. Não há como manter uma administração desse jeito. Isso é óbvio para os gestores. Até quem administra uma loja comercial sabe disso.

Como é impossível manter em funcionamento um asilo de 100 idosos com 70 funcionários, certamente o governo injetaria mais tarde muitos subsídios para tornar o local viável. Portanto, não há como administrá-lo se nós não recebermos muitos impostos.

Em outras palavras, criaram regulamentos para que seja impossível operar um asilo sem subsídio.

---

19 Cerca de R$7.000 ou US$2.200 em janeiro de 2017.
20 Cerca de R$2.800 ou US$880 em janeiro de 2017.
21 Administramos o Templo Dourado dos Idosos, localizado em Utsunomiya, na província Tochigi, Japão. (N. do A.)

Mas, depois, reclamam dizendo que é impossível manter um asilo ou uma creche. Criaram critérios para que seja impossível ter um superávit sem a ajuda do dinheiro do imposto, dificultando a criação de mais instituições. Apenas recebem os impostos aqueles que atendem aos critérios. Esse imposto deve vir de algum lugar. Em suma, os oficiais do governo só pensam em ampliar suas autoridades. É realmente ultrajante. Essa questão deve ser bem pensada.

A "boa intenção" da administração de aprovação e licenciamento não passa de teoria vaga

Mesmo para a Happy Science, seria muito difícil administrar um asilo que acolha 100 idosos, precisando, para isso, de 70 funcionários.

Agora, imagine se precisasse de 7 mil funcionários para cuidar de 10 mil idosos. Nenhuma organização aguentaria.

Se decidissem construir uma casa de repouso para cuidar de 1 milhão de idosos, 700 mil pessoas teriam de trabalhar para atendê-los. Desse jeito, os jovens precisariam trabalhar quase que exclusivamente nessa assistência. E quem se encarregaria das outras profissões? Não haveria ninguém.

O futuro que se enxerga para essa situação é de que os idosos sejam abandonados nas montanhas. É essa a possibilidade que existe. Talvez passem a alegar que envelhecer é crime e deem multas por isso. Não se pode descartar a possibilidade de que seja implantada uma medida que faça o idoso desejar morrer mais cedo, multando-o a cada ano que ele envelhece depois dos 80 anos.

Creio que o governo japonês está fazendo regulamentações com boas intenções ao exigir uma assistência de qualidade ou a garantia de um quarto particular para o idoso. Certamente, estão tendo esses pensamentos com boas intenções, mas, na verdade, não passam de teorias vagas. Esse é o "erro da economia centralizada". Isso ocorre porque quem está elaborando as medidas são pessoas que nunca tiveram a experiência real de administrar ou fazer negócios. Mesmo que desenvolvam planos desejando facilitar a vida, na prática vão tirando a liberdade. Isso está acontecendo em diversos setores, como na escola e em muitos outros lugares.

Portanto, o que precisa ser feito agora é eliminar o que estiver inútil na administração de aprovações e licenciamento e passar sua execução para a iniciativa privada. É importante que o governo reconheça a existência de necessidades e exigências e se esforce para atendê-las.

Trabalhe ativamente pelo maior tempo possível, almejando viver bem e morrer bem

Tenho me esforçado para que os fiéis da Happy Science sejam abençoados por uma forte proteção divina; gostaria que todos pudessem trabalhar ativamente pelo maior tempo possível para que não precisassem se internar em um hospital sofrendo com diversos tubos conectados por 10 ou 20 anos, como se fosse uma casa de repouso. E, para que possam viver bem e morrer bem, penso até em criar o "Sutra do Darma do Correto Coração para Viver Bem e Morrer Bem"[22].

Outras religiões budistas consideram que é suficiente entoar o Sutra do Lótus ou repetir "Buda Amitabha" como um mantra. Se fosse tão fácil assim, talvez eu devesse gravar um CD repetindo "Darma do Correto Coração para Viver Bem e Morrer Bem, Darma do Correto Coração para Viver Bem e Morrer Bem..." por trinta minutos; pode ser que o resultado seja bem eficaz.

Do jeito que estão, as finanças do Japão vão "quebrar" e será impossível tomar conta da terceira idade. É evidente. Assim, é melhor não depender do governo nacional ou local.

Na medida do possível, você deve começar a fortalecer seu corpo aos poucos, uns dez anos antes de começar a enferrujar e, também, procurar assimilar os

---

22 O sutra fundamental da Happy Science chama-se "Darma do Correto Coração".

conhecimentos que lhes serão úteis daqui a dez anos. É importante começar a estudar e se preparar com dez anos de antecedência para que possa trabalhar em uma nova profissão.

E, quanto aos relacionamentos interpessoais, ao envelhecer você vai começar a se irritar e ficar insatisfeito com mais facilidade em relação aos jovens; por isso, será necessário acalmar seu coração.

Os mais velhos ficam com vontade de criticar a falta de experiência dos mais novos, mas essa é uma tendência geral dos idosos. Então, eles devem reconhecer que é melhor não continuar desse modo e pensar que apenas estão algumas décadas à frente e que por isso enxergam os defeitos dos mais novos. Mas isso não significa que os jovens são maus elementos. Se os idosos examinarem o próprio passado de algumas décadas atrás, verão que eram iguais aos mais jovens, e que apenas se esqueceram desse fato.

Se você já tem uma idade avançada, aproveite sua experiência para encontrar qualidades nos jovens e incentivar mais ainda os pontos fortes deles. Se enxergar algo bom neles, elogie-os; mas, se notar coisas ruins, chame sua atenção indiretamente, fazendo com que eles percebam por conta própria.

Se você tiver sempre essas pequenas considerações nos relacionamentos, evitará que os jovens fiquem desgostosos e se afastem dos idosos.

Uma pequena diferença na maneira de falar ou de se comportar vai determinar se o intercâmbio com os jovens será possível ou não. Por isso, ao envelhecer, é importante que você tenha cuidado com as palavras que usa e com o conteúdo do que fala, para construir bons relacionamentos. *Pensamentos corretos* e *palavras corretas* são extremamente importantes.

A cada dez anos, renove sua determinação de estudar e cuidar do corpo

Tenho dado esta orientação em muitos livros da Verdade Búdica que publiquei. Não pretendo fazer propaganda dos meus próprios livros, mas ler uma única obra minha vale mais do que a leitura de cem livros de outros autores.

A população que se encontra na faixa dos 60 aos 100 anos irá crescer daqui para a frente e, se o número de pessoas dessa faixa que leem meus livros aumentar, penso que será possível criar um futuro no qual essas pessoas irão se destacar de modo extraordinário, permanecendo na ativa. É melhor viver desta forma para não sobrecarregar as gerações posteriores e os jovens.

Então, que tal vivermos bem e trabalharmos bem, permanecendo na ativa por toda a vida? Contudo, esse tipo de incentivo não é necessariamente bem-vindo fora do Japão. Se o monge de uma filial da Happy

• O PONTO DE PARTIDA PARA TRAZER FELICIDADE À HUMANIDADE •

Science na Rússia fizer uma palestra sobre o tema: "Estar na ativa por toda a vida", os russos vão ficar irritados e dizer: "Que mal há em parar de trabalhar aos 60? Você quer nos obrigar a trabalhar ainda mais? Que tipo de ensinamento é esse?".

Talvez a expectativa de vida lá seja curta. Como se trata de um país de região fria, é provável que as pessoas morram aos 65 ou 66 anos[23]. Entretanto, para uma nação com habitantes que vivem 80 ou quase 90 anos, como é o caso do Japão, as pessoas não podem simplesmente parar de trabalhar aos 60. Ao renovar sua determinação a cada 10 anos – aos 40, 50, 60 – de adquirir conhecimentos intelectuais e fortalecer o corpo, os próximos 10 anos serão garantidos. Por favor, faça um esforço tendo isso em mente. Gostaria que você estudasse esses ensinamentos que estou pregando.

Seja como for, chegou a hora em que o mundo deve despertar. Vamos renovar nosso coração e nos erguer. Para construir o futuro, temos de corrigir nosso coração e, ao mesmo tempo, unir forças com outras pessoas para construir uma nova sociedade. Temos de assumir uma parte desse papel e colocá-lo em prática. Isso é o que é importante.

Vamos nos esforçar e nos dedicar diariamente, realizando ações concretas.

---

23 Em 2013, a expectativa de vida dos russos era de 66 anos para homens e 76 para mulheres. Por outro lado, em 2014, a expectativa de vida dos japoneses era de 81 anos para homens e 87 anos para mulheres.

Mensagem a você 3
Se ao menos você tiver uma fé da espessura de uma teia de aranha...

Quando estão em meio a dificuldades,
As pessoas sofrem, enfraquecem e ficam exaustas.
Somente palavras negativas emitem pela boca,
Sem coragem para acreditar no amanhã.

Contudo, eu declaro:
Se ao menos você tiver uma fé
Da espessura de uma teia de aranha,
Deus conseguirá salvá-lo facilmente.

Primeiro, acredite.
Depois, relaxe.
Pense que Deus infalivelmente irá resolver o problema.
Creia na salvação de Deus
E tenha um coração alegre e positivo.
Seja grato por tudo o que já lhe foi concedido.
Doravante, não se force demais
E faça aos poucos o que estiver ao seu alcance.

Acredite que não há dificuldades
Para quem tem uma fé inabalável.

Trecho extraído da obra *Um Guia para o Coração*, Volume 2: O Caminho do Mestre e do Discípulo.

CAPÍTULO 4

O poder dos milagres capaz de transformar esta era

~ A religião e a política que podem
superar um período de crise ~

1
A Happy Science começa a atuar em diversas frentes

Estamos apenas terminando a "obra da primeira etapa"

Este capítulo é a transcrição de uma palestra que dei em Kyūshū[1]. Fazia tempo que não realizava um encontro de grande porte naquela região, mas isso não significa que meu amor pela ilha tenha desaparecido.

Durante esse período, construí os templos sedes, *shoshinkans*, e templos locais por todo o Japão, e também fundei as Escolas Happy Science – a matriz Nasu e a filial Kansai – e a Universidade Happy Science. Além disso, criei o Partido da Realização da Felicidade e venho conduzindo diversas atividades políticas. Por isso, a quantidade de palestras de larga escala diminuiu um pouco.

A Happy Science é uma organização que cresceu a partir da forte paixão por difusão nesta terra de Kyūshū. Em Okinawa começaram os primeiros trabalhos missionários por meio dos livros, precedendo a difusão em outras partes do Japão. Assim, foi em Kyūshū que se iniciou de maneira intensa a difusão

---

1 Kyūshū é a terceira maior ilha do arquipélago japonês.

• As leis da missão •

de pessoa para pessoa antes de outras regiões. Kyūshū sempre foi um apoio moral para mim. Se olharmos a história do Japão, percebemos que as novidades geralmente começaram no oeste do país.

A Happy Science vem exercendo suas atividades religiosas há 30 anos, e já se passaram 35 anos desde que alcancei a Grande Iluminação. Uma geração se passou, e sinto que muitas pessoas da minha geração estão se retirando da linha de frente.

Contudo, eu mesmo ainda não posso simplesmente me retirar. Considero que estamos, por fim, terminando a obra da primeira etapa. Ao rever o passado, lembro-me de que não foi tão difícil realizar palestras por todo o país, mas, para ampliar a religião, foram necessários terrenos, construções e recursos humanos.

Além disso, levei muito tempo para capacitar os funcionários e precisei de tempo para pensar no ideal da educação e da política, bem como no crescimento internacional. Trinta anos se passaram enquanto estávamos engajados em diversas atividades. É como se eu tivesse aberto o Tamatebako[2] e ficasse atônito. Isso

---

2 Tamatebako é o nome de uma caixa que aparece no conto de Taro Urashima. Nessa história, um pescador chamado Taro Urashima é levado para um palácio encantado no fundo do mar, onde reside por três anos. Ele teve momentos de muita diversão, mas sentiu necessidade de voltar para casa e, quando se despediu da anfitriã, a princesa Otohime, ela lhe deu a caixa Tamatebako, dizendo-lhe para jamais abri-la. Ao retornar à sua terra, Taro descobriu que haviam se passado décadas. Abalado e sem saber o que fazer ele decidiu abrir a caixa, que soltou uma fumaça e o transformou em um idoso. A Tamatebako é muitas vezes usada para fazer uma parábola quando uma pessoa fica absorta em suas atividades a ponto de não perceber o que acontece ao seu redor. E quando se dá conta, o tempo passou, as pessoas e as coisas estão mais velhas.

me intriga muito, pois meus conhecidos de tempos antigos continuam envelhecendo, mas eu mesmo não sinto que estou envelhecendo.

A propósito, quando sonho durante a noite, sempre vejo cenas do final da minha adolescência até a faixa dos 20 anos. É raro aparecer alguma cena da época a partir dos meus 30 anos. Provavelmente não surge porque, depois que dei início à Happy Science, fiquei sempre absorto trabalhando nela.

Nesse sentido, nunca me esqueço do espírito jovem. E sempre coloco na minha cabeça que ainda estou muito longe de completar meu trabalho.

Gostaria que cada fiel recebesse minha mensagem e que, aqueles que pudessem, começassem a agir

Sete anos já se passaram desde que fundamos o Partido da Realização da Felicidade em 2009. Nenhum outro empreendimento nosso demorou tanto quanto este. Eu mesmo estou um pouco surpreso.

Como estamos atuando em diversas frentes, talvez isso tenha dificultado as coisas. Ao que parece, a cabeça do ser humano só consegue pensar em uma coisa por vez. Provavelmente, se ele começar vários projetos ao mesmo tempo, só vai conseguir avançar executando uma tarefa por vez. Mas minha cabeça não funciona assim. Sou como uma extensão com várias tomadas, a partir da qual saem cabos para diversas direções. Por isso, felizmente consigo dar atenção a cada parte da Terra.

Porém, aqueles que recebem minha mensagem só conseguem progredir fazendo uma coisa de cada vez.

Por exemplo, dei uma palestra recentemente em Okinawa[3]. Na véspera, meu filho Yuta Okawa, que ocupa o cargo de diretor administrativo da Happy Science, realizou uma entrevista com um responsável por um templo local, um possível candidato político em Okinawa pelo Partido da Realização da Felicidade. O entrevistado disse que, como seu templo local ainda não havia cumprido a meta de oferenda[4], ainda não conseguia atuar na área política.

Eu pensei: "Que dificuldade!", imaginando o quanto a administração operacional é difícil.

O templo local dele era pequeno e, por isso, parecia passar por dificuldades em cumprir a meta de oferenda. A intenção dele era começar a atividade política quando sobrasse tempo, depois de haver cumprido essa meta. Quando soube dessa conversa,

---

[3] Trata-se de uma palestra que realizei no Centro de Convenções de Okinawa, em 30 de janeiro de 2016, intitulada "O Mundo da Verdade". Ela se tornou o segundo capítulo do livro *Gendai no Seigiron* ("A Visão da Justiça da Era Moderna", IRH Press Tóquio, 2016). (N. do A.)

[4] As empresas comerciais possuem metas de faturamento ou de vendas, parâmetros importantes da gestão a fim de manter o tamanho do negócio ou expandi-lo. De forma semelhante, a Happy Science trabalha com metas de oferenda para sustentar suas atividades, e isso se torna mais importante ainda quando se leva em conta sua missão de fazer chegar a Verdade para todas as pessoas do mundo.

pude compreender bem por que o partido está levando tanto tempo para deslanchar: as pessoas não conseguem executar mais de dois trabalhos ao mesmo tempo.

Por outro lado, a Happy Science está atuando em pelo menos cinco frentes. Por isso, quando o diretor regional ou o monge do templo local se encarrega de transmitir o conteúdo das atividades, este conteúdo não chega até os fiéis. Portanto, gostaria que cada um dos fiéis recebesse minha mensagem diretamente, e, aqueles que pudessem, começassem a agir.

A atividade política faz parte também dessas frentes. Minhas opiniões políticas não mudaram tanto se comparadas ao início. Além disso, mesmo na época em que a Happy Science não tinha um partido político, já havia fiéis devotos nos outros partidos. Na verdade ainda estão lá, mas creio que estão um pouco escondidos, observando a situação.

No entanto, não precisam fazer tanta "cerimônia". Podem ser do Partido Liberal Democrata ou do Partido Democrático do Japão, para mim não importa. Mesmo sendo do Partido Social Democrata ou do Novo Komeito, eles podem se sentir à vontade para se tornar fiéis. Não tenho mente tão estreita assim.

Estou apenas emitindo opiniões para que o Japão e o mundo caminhem rumo a um futuro melhor. Cada partido deve estar captando minhas informações de acordo com sua capacidade de absorção, mas a Happy Science não pensa em rejeitar outros grupos religiosos. Temos certa compreensão quanto aos outros grupos ou às pessoas que têm condutas diferentes da nossa. Dou minha opinião dizendo o que é melhor levando tudo isso em consideração. Nesse sentido, a Happy Science não faz algo como a inquisição dos hereges. Além disso, deixamos as pessoas livres para se juntarem a nós ou nos deixarem. Certamente isso é uma expressão da nossa autoconfiança.

2
A comprovação do outro mundo está ocorrendo em tempo real

Não abandone sua fé tão facilmente

Ouvi dizer que, depois de muito tempo, os "membros fantasmas[5]" ou "fiéis fantasmas" vieram assistir à palestra que originou este capítulo. Certamente essas pessoas estudaram tanto os ensinamentos que acharam que a pregação do monge do templo local não seria tão profunda.

---

5 Refere-se às pessoas cujo nome consta no registro como membro ou fiel, mas que, na prática, não frequentam os templos da Happy Science.

No entanto, o próprio monge está em aprimoramento. Como a época em que ele começou a estudar não difere tanto daquela dos fiéis, com certeza ele não tem tanto material acumulado para ensinar.

Mas, uma vez adquirida, a fé não é algo para você abandonar facilmente. Abandonar a fé é como se toda sua poupança acumulada até agora ou sua aposentadoria desaparecessem por completo.

Além disso, você perde não só a garantia da terceira idade, mas, também, toda a garantia depois da morte. É isso o que ocasiona abandonar a fé. Se sua aposentadoria se evaporar, você vai enfrentar dificuldades na terceira idade; porém, se você abandonar a fé, vai ter problemas após a terceira idade também. Ou melhor, o mais árduo será depois de morrer.

Há trinta anos prego o ensinamento de que o ser humano tem vida eterna. Depois que você retorna ao outro mundo, é classificado de acordo com o tipo de pessoa que foi na última vida. Nesse momento, vão lhe perguntar: "Em que religião você acredita?". Quem responde que não acreditava em nada, que era materialista, vai ser reprovado uma vez. E vai se matricular numa "escola preparatória subterrânea aonde a luz não chega". Enquanto a pessoa não se capacita suficientemente em seus estudos, não consegue sair do subsolo. É assim que funciona. Ela tem a impressão de que a luz do sol vai descascar sua pele, por isso, precisa estudar em um local escuro.

Por outro lado, quem acreditava na religião e responde que era cristão, é conduzido para o grupo dos cristãos. Quem responder que era budista, é levado até o grupo dos budistas. Haverá pessoas que creem em outras religiões também, como os muçulmanos, judeus, hindus e xintoístas. Seja o que for, vão perguntar à pessoa: "Em que religião você mais acredita, ou sente que tem mais vínculo de alma?". Dessa forma, ela será classificada por religião e, então, iniciam-se as orientações.

Nessa hora, os anjos virão buscá-la. Para quem não simpatiza com a aparência de um anjo, esses guias podem surgir como monges budistas ou sacerdotes xintoístas. Desse modo, define-se o local onde cada indivíduo irá viver, e se determina o currículo educacional e a diretriz do trabalho de cada um. A Happy Science vem trabalhando há trinta anos para comprovar isso.

Por exemplo, já realizei diversos tipos de leitura e de mensagens espirituais por mais de 600 vezes. Publiquei mais de 400 livros da Série Mensagens Espirituais (até julho de 2016). Não existe outro caso semelhante no mundo. Não há nada parecido na história. Essas façanhas estão sendo conduzidas em tempo real.

Com certeza há muitas pessoas que sempre acreditaram no outro mundo. No entanto, foram poucas as que tentaram comprovar de fato que o outro mundo existe ou que o ser humano é um ser espiritual. Cada livro da minha coletânea de mensagens espirituais é um passo no caminho dessa comprovação.

Eis o motivo pelo qual a Happy Science (*Kofuku no Kagaku*, em japonês, cuja tradução livre em português é *ciência da felicidade*) faz questão de ter a palavra "ciência" em seu nome. Ou seja, estamos tentando acumular provas com a intenção predominante de comprovar os mínimos detalhes. E ao fazê-lo, procuramos ensinar qual é a verdadeira missão para aqueles que receberam uma educação de valores errados, nesta era em que a religião está sendo esquecida e vem permitindo que as pessoas mergulhem no trabalho com uma ideologia errada.

Neste mundo, diversos aprimoramentos esperam por você

Não é tão fácil assim nascermos neste mundo. Você vive por algumas décadas aqui na Terra, retorna ao outro mundo, começa uma nova vida e, depois de mais algumas décadas ou séculos, nasce de novo neste mundo. Para tanto, você precisa se alojar na barriga da sua mãe por alguns meses, suportar um ambiente totalmente escuro onde só consegue ouvir umas poucas vozes, e depois nasce completamente frágil. Por mais ilustres que tenham sido nas vidas passadas, todos passam por essas mesmas condições. Você nasce chorando, cheio de inseguranças por não saber se esta vida dará certo. Este é o sofrimento do nascimento, que faz parte dos Quatro Sofrimentos do budismo: nascimento, envelhecimento, doença e morte.

Depois, vivenciamos diversas experiências ao longo das ondas turbulentas da vida. Por exemplo, você pode sofrer *bullying* na escola. Talvez você esteja do lado de quem maltrata os outros. Pode ser, também, que se envolva em acidentes ou que adoeça. Às vezes, vai presenciar o falecimento de alguém próximo, como os pais, os irmãos, os avós ou outros parentes.

Além disso, a família onde você nasceu justamente por considerar um local seguro pode acabar enfrentando uma falência. Antes de nascer, você pode ter planejado até que nível estudaria, mas, ao encarar a realidade neste mundo, talvez a vida da sua família mude e você não consiga estudar até onde pretendia. Nesta vida, também há disciplinas que você estudaria pela primeira vez, mas talvez fique sem cursá-las.

O mesmo ocorre com relação à profissão; na prática, pode ser que você não consiga se encaixar em uma atividade de sua preferência e precise mudar de emprego a toda hora.

Dessa forma, diversos aprimoramentos o aguardam nesta vida. No início da Happy Science, já os chamei de "caderno de exercícios da vida". Antes de chegar à marca dos 10 mil membros, eu costumava dizer: "Gostaria de lhe dar a resposta, mas suas questões devem ser resolvidas por você mesmo". Seria um *aprimoramento espiritual centrado na força própria*.

Diversos milagres ocorreram devido à força externa

À medida que a organização foi crescendo, porém, abordar apenas o aprimoramento individual *já* não era mais suficiente. Precisávamos começar a atuar na *salvação de outras pessoas*. Ou seja, foi necessário incluir ensinamentos sobre a *força externa*.

Desse modo, diversos fenômenos que nem imaginávamos começaram a se manifestar. Em anos recentes, testemunhamos a cura de várias doenças. De fato, houve casos como o de um tumor do tamanho de um punho cerrado que desapareceu; de pessoas que não conseguiam ficar de pé e depois conseguiram; e de pessoas cegas que readquiriram a visão. Também vimos casos em que uma pessoa de difícil trato de repente se tornou amável e acessível, recuperando o bom relacionamento familiar. Além disso, empresas que sofriam estagnação conseguiram romper essa parede.

Assim, estão surgindo mudanças na vida das pessoas que entram em contato com os ensinamentos da Happy Science, com os amigos do Darma[6], ou que participam de nossas atividades. Contudo, se você pensar calma e objetivamente, vai entender a razão disso: um grande grupo de espíritos guias, que reside no Mundo Celestial, está orientando-nos.

A Happy Science é uma religião que começou baseada na tolerância

É muito raro uma religião guiar as pessoas deixando clara a personalidade e revelando o nome do ser que está fornecendo as orientações. O nome pode até ser revelado, mas, muitas vezes, é fictício. O normal é que os ensinamentos partam de um único ser divino que se identifica por determinado título, pois, assim, os preceitos ficam unificados e se evitam confusões.

Por isso, as pessoas ficam com o receio preconcebido de que, se a religião tomar as rédeas de um país, ela vai unificar os valores sob uma única doutrina, impondo suas ideologias e conduzindo o povo para o totalitarismo.

Por outro lado, se uma religião prega diversos ensinamentos como a Happy Science, declarando

---

6 Refere-se a outros fiéis da Happy Science. (N. do T.)

abertamente que recebe o apoio e a orientação de um grupo de quinhentos espíritos superiores, cada fiel terá de analisar qual ensinamento deve seguir ou qual considera mais adequado para si. Nessas circunstâncias, pode parecer difícil ter um avanço em uma direção.

Entretanto, o fato de que a Happy Science possui centenas de espíritos guias e de que evoca diferentes espíritos, não só do Japão, como também de seres ligados à religião, à política ou à economia de outros países, realizando diversas mensagens e revelações espirituais, significa que a Happy Science aceita a diversidade desde o início. Ou seja, é uma religião que começou com base na tolerância ao próximo.

Portanto, não faço nenhuma imposição dizendo: "Somente meus pensamentos, ideologias, crenças e maneiras de pensar são importantes. O restante é inadmissível". Em vez disso, o que eu transmito é que, dentro do próprio Mundo Celestial, existem diversas opiniões, e que, se me pedirem para fazer uma escolha dentre elas, indico qual está na melhor direção. Além disso, procuro sempre sugerir que cada pessoa trilhe seu caminho fazendo escolhas de acordo com seu nível de desenvolvimento ou aprimoramento da alma.

3
O alerta que vem dos deuses sobre a crise

Às vezes preciso alertar sobre uma crise

Como organização religiosa, a Happy Science vem crescendo bem ao longo de trinta anos; no entanto, as opiniões divergem. Alguns dizem que somos uma grande organização, enquanto outros alegam que somos pequenos. É difícil avaliar o tamanho de uma religião de forma objetiva, mas é possível chegar a um cálculo mais preciso quando olhamos seu número de funcionários. E, dentre as organizações religiosas japonesas, a Happy Science ocupa o segundo lugar nesse aspecto. Observando-se esse número, temos uma noção do tamanho da religião e podemos perceber até onde já chegamos.

Porém, somos líderes no Japão em termos de originalidade de opinião e de capacidade de transmitir informações. Não há outro grupo religioso capaz de mostrar continuamente o que é o correto, apresentando informações tão atualizadas e modernas, que sempre se baseiam nas notícias do dia, embora de vez em quando tenhamos de enfrentar os meios de comunicação.

Nesse sentido, fico feliz por termos nos tornado uma organização forte, capaz de se postar com firmeza e lutar com total dedicação. Por outro lado, como expressamos opiniões fortes, há pessoas que não conseguem nos acompanhar. É claro que nossa postura básica é acolher com tolerância diferentes pessoas, e de fato desejo que elas nos sigam. Não obstante, cada vez que sinto que a crise chegou e que devemos mudar o rumo, faço esse alerta energicamente.

Nesses momentos, aqueles que não conseguem compreender o que eu digo talvez coloquem certa distância ou se afastem. Talvez seja melhor mesmo haver um período de afastamento desse tipo. Mas há uma diferença substancial entre a inteligência e a sagacidade do ser humano que vive na Terra e o pensamento dos deuses ou dos espíritos superiores próximos aos deuses que estão em um mundo espiritual elevado. A razão disso é que eles enxergam além.

Às vezes, eles me enviam um alerta de crise; outras, uma previsão de prosperidade. Ou, então, posso abordar diversas questões muito antes que os outros o façam. Podem ser tanto questões negativas quanto positivas. Às vezes, tenho vontade de revelar somente as coisas boas, mas também devo falar sobre as crises.

Recentemente, as tevês e os jornais fizeram várias matérias sobre o grande terremoto do leste do Japão, que ocorreu em 11 de março de 2011. Mas alguns meses antes da catástrofe eu já havia alertado, por meio da mensagem espiritual de Amaterasu-Ō

-Mikami[7], que um grande desastre ocorreria no Japão. De fato minha previsão se confirmou, e eu até havia dito qual seria a causa. Porém, há muitos indivíduos que, sem conhecer esses aspectos espirituais, se concentram apenas no fenômeno ocorrido, querendo levar as pessoas para mais longe dos deuses. É lamentável.

Desde a fundação do nosso partido chamo a atenção para uma crise da defesa nacional

Nos últimos anos, desde a fundação do Partido da Realização da Felicidade chamo a atenção para uma crise da defesa nacional. Mas é uma tarefa árdua para um líder religioso. Muitas vezes penso que, se os políticos trabalhassem de maneira adequada, não seria necessário que eu mesmo abordasse questões políticas.

Por outro lado, os outros grupos religiosos apenas insistem na paz absoluta. Se eles assistem à tevê ou leem jornais, provavelmente não estão entendendo nada. É invejável perceber que, sem saber de nada, eles vivem tão felizes assim. Talvez não se importem com o que aconteça no mundo. Só existe o mundo deles e, ao que parece, eles conseguem viver com o fato de que o Japão está completamente mergulhado no pacifismo de nação única. Se conseguirem levar

---

7 Ver *Saidai Kofuku Shakai no Jitsugen: Amaterasu-Ō-Mikami no Kinkyu Shinji* ("A Realização da Sociedade de Máxima Felicidade: Revelação Divina Urgente de Amaterasu-Ō-Mikami"; IRH Press Tóquio, 2010). (N. do A.)

esta situação adiante sem tanto esforço, não há o que criticar. Basta pensar no que fazer com a situação da aposentadoria que desapareceu, que eles iriam receber depois de envelhecerem.

Contudo, estou alertando sobre essa crise, pois vi nitidamente que teremos um grande problema se continuarmos a viver desse modo. Em 2009, por exemplo, quando fundei o Partido da Realização da Felicidade, a Coreia do Norte lançou um míssil. Na época, o primeiro-ministro era Tarō Asō, do Partido Liberal Democrata (PLD). O Japão, vendo aquela situação, não teve nenhuma reação. Um ano antes, em 2008, o Chefe de Gabinete da Força Aérea de Autodefesa, Toshio Tamogami, tinha sido demitido só por que havia escrito uma dissertação **que citava o quanto Japão era uma boa nação**[8]. Eram essas as mudanças que o governo do PLD estava fazendo, mesmo diante de uma crise iminente.

Depois, o Partido Democrático do Japão (PDJ) tomou o poder e deu início a uma política oposta. O primeiro-ministro Yukio Hatoyama, que começou o governo do PDJ, dizia algo como: "Quero transformar as águas da Ásia em mares da amizade". Porém, nesses "mares da amizade" a China criou uma ilha aterrando corais, e construiu uma pista de decolagem de 3 qui-

---

[8] Dissertação intitulada *Nihon wa shinryaku kokka de atta noka?* ("O Japão foi uma nação invasora?"). Recebeu a melhor premiação na 1ª edição do concurso A Verdadeira Visão da História Moderna, realizada em 2008.

lômetros, para que funcione como base para caças. Há também ilhas preparadas com mísseis terra-ar. Mas não é de hoje que a China começou a tomar posse de ilhas nessas águas. Desde 1970, ela vem tomando aos poucos as ilhas que estavam sob conflitos internacionais nas regiões de Taiwan, Filipinas, Vietnã e Malásia, e avançando até a situação atual. E, por fim, chegou até a cercar com vários navios de guerra um porta-aviões americano quando ele passou pelo mar da China Meridional como parte da Operação Navegação Livre. É uma situação alarmante. Hoje, estão ocorrendo incidentes que seriam impensáveis no século XX. Em suma, não se sabe mais se é suficiente apenas defender, como é de praxe, a paz absoluta.

A China planeja ser o polo dominante único da Ásia

Também tenho alertado repetidas vezes sobre a questão da Coreia do Norte. O país já realizou quatro[9] testes nucleares, sendo que o último, realizado em 6 de janeiro de 2016, foi um teste de bomba de hidrogênio. A comunidade internacional reluta em admitir, mas foi o que o próprio Kim Jong-un afirmou. Mais ainda, ele disse que foi bem-sucedido na miniaturização de ogivas nucleares, e também começou a lançar

---
9 Até o momento desta palestra.

mísseis de curto alcance nos arredores. Nos últimos anos, os Estados Unidos e a Coreia do Sul iniciaram um treino militar conjunto em escala maciça, o maior de todos os tempos. Executaram, por exemplo, exercícios de desembarque de tropas. E foi nessa época que a Coreia do Norte lançou mísseis.

Porém, no meu livro *Por que Kim Jong-un, da Coreia do Norte, executou o teste da bomba de hidrogênio?*[10], o espírito guardião de Kim Jong-un disse algo como: "Não importa se os Estados Unidos vierem atacar. Na verdade, a Coreia do Norte está interligada ao Irã. Como exportamos tecnologia de construção de mísseis para lá, os mísseis norte-coreanos podem ser lançados do Irã também". Depois, quando os Estados Unidos iniciaram de fato os treinos militares, um míssil balístico foi lançado do Irã. Os Estados Unidos fizeram uma petição para que as Nações Unidas sancionassem o Irã. O espírito guardião de Kim Jong-un fez uma previsão em sua mensagem espiritual: "A Coreia do Norte e o Irã estão interligados secretamente. Com certeza os Estados Unidos não vão conseguir atacar dois alvos ao mesmo tempo". Foi exatamente o que ocorreu.

Entrando em mais detalhes, parte da tecnologia dos mísseis balísticos da Coreia do Norte e do Irã veio, na verdade, da China. Portanto, mesmo que a

---

10 Título original em japonês: *Kita-Chōsen Kim Jung-un wa Naze Suibaku Jikken wo Shita noka*; IRH Press Tóquio, 2016.

China demonstre a intenção de impor sanções à Coreia do Norte, podemos deduzir que os chineses não o farão com seriedade. Se a China quisesse, poderia bloquear a entrada de petróleo e de qualquer outra coisa, mas é evidente que ela não vai fazer isso, pois está deixando que a Coreia do Norte cause alvoroço.

Os Estados Unidos, a Europa, o Japão e os demais países que dizem que não é possível segurar a Coreia do Norte sem a ajuda da China; não estão enxergando o que essas duas nações estão pensando.

Infelizmente, a política e a diplomacia do mundo não são constituídas apenas de honestidade. Há muitos indivíduos que já calcularam tudo e têm a intenção de conduzir cada um a seu favor.

A propósito, a China tem um plano bem claro de se tornar o polo dominante único da Ásia. Isso virá à tona quando ela superar a economia americana.

Por outro lado, está cada vez mais evidente que os Estados Unidos estão declinando, como uma maré que recua. Antigamente, pensava-se que a supremacia de nação única da superpotência americana duraria um século, mas, assim que foram abertos os portões do século XXI, num instante a China se ergueu como rival dos americanos. Ela já está se planejando para quando ultrapassar os americanos. Apesar disso, nenhuma nação ainda prescreveu uma contramedida para impedi-la. Ninguém está conseguindo.

4
O estado ideal da política japonesa

A posição pró-Constituição do período pós-guerra está chegando a um ponto de virada

Há algo que o Japão deve pensar em meio a esta situação de transformação, isto é, a questão da Constituição. Depois que o Japão perdeu a Segunda Guerra Mundial, uma nova Constituição se estabeleceu. Houve exigências na educação e na política a fim de manter a defesa dessa nova Constituição. Por muito tempo, ensinou-se que essa era a fonte da paz. No entanto, agora, sinto intensamente que chegou o momento da virada. Indo direto ao ponto, no preâmbulo da Constituição do Japão consta: "... estamos determinados a preservar nossa segurança e sobrevivência, confiando na justiça e na fé dos povos que amam a paz ao redor do mundo". Apesar disso, as nações ao redor do Japão atual não são mais apenas de "povos que amam a paz".

Claro, cada país tem sua própria ideologia e modo de pensar. Conceitos como liberdade, democracia, sistema parlamentar e estado de direito propostos pelos Estados Unidos e pela Europa nem sempre foram a solução para tudo. Ao contrário, se alguém ouvir os verdadeiros sentimentos da China, ela dirá que não teve nenhuma experiência de sucesso com um regime diferente do governo autoritário.

Na China, só houve estabilidade nacional quando o governo foi bem-sucedido em estabelecer um domínio autocrático, eliminando por completo as oposições. Em outras situações, o país passou por muitos períodos de divisão e de conflitos internos. No fundo, a China não acredita na democracia. Pensa que a diplomacia dos direitos humanos, defendida pelos Estados Unidos, é um absurdo. Para ela, se for concedida a soberania ao povo, o país logo sofrerá uma subversão. Por isso, é óbvio que os Estados Unidos e a China não vão entrar em acordo tão facilmente.

Por exemplo, na segunda metade da década de 1990, quando os Estados Unidos estavam sob a administração Clinton, ocorreu o seguinte: quando o governo americano decidiu impor sanções à China por perseguir ativistas que defendiam os direitos humanos, esta logo fingiu abrandar a opressão. No entanto, assim que os Estados Unidos concederam à China o status de nação mais favorecida, dando-lhe um melhor tratamento econômico, ela prendeu centenas de ativistas antigovernistas. Esse é o verdadeiro caráter deste país asiático.

Os chineses têm seus valores, e não vão mudar com facilidade. Além disso, não é possível, com base na história, determinar com convicção que lado está correto. Todavia, agora consideramos um bom sistema aquele em que as pessoas discutem em meio à diversidade de valores, como a liberdade, a igualdade, a democracia ou a democracia parlamentar e o estado de direito, para definir o rumo que se deve tomar. Portanto, não podemos trabalhar com forças que querem destruir estes valores. Ao contrário, queremos nos esforçar para que estes valores sejam disseminados.

Pontos de vista facilmente confundíveis na política atual do Japão

Porém, ao examinar a política atual do Japão, percebo que alguns pontos são facilmente confundidos. O primeiro diz respeito a Taiwan. Publiquei o livro *Urgente – entrevista com o espírito guardião: estratégia futura da nova presidente taiwanesa Tsai Ing-wen*[11], pois considerei o seguinte: "Será que as pessoas não estão ignorantes demais quanto ao significado geopolítico de Taiwan?". Isso se aplica à esfera política, à comunicação em massa e ao povo japonês.

Hoje, Hong Kong está para seguir as ordens do governo de Pequim. Se Taiwan permitir ser absorvida pela China continental, vai seguir a mesma rota

---

11 Título original em japonês: *Kinkyū Shugorei Interview Taiwan Shin-Sōtō Tsai Ing-wen no Mirai Senryaku*; IRH Press Tóquio, 2016.

de Hong Kong. Se isso ocorrer, há a possibilidade de que nenhuma gota do petróleo proveniente da península Arábica entre no Japão. Com isso, as termelétricas não mais conseguirão fornecer eletricidade. Os japoneses precisam ter plena compreensão disso.

Apesar dessa situação delicada, em 2011, só porque houve um acidente nuclear por ocasião do grande terremoto do leste do Japão, vem ganhando força nos últimos cinco anos um movimento a favor da eliminação completa das usinas nucleares dentro de vinte ou trinta anos, como se isso fosse o correto. Os esquerdistas e os ambientalistas deram-se as mãos, fazendo parecer que esse movimento é o que está mais em consonância com a justiça.

Quem está tendo esses pensamentos às escondidas, francamente, é o governo chinês. Se todas as usinas forem paralisadas e não houver mais nenhuma gota de importação de petróleo, como ficará o Japão? Além disso, e se um país com armamento nuclear passar a ameaçar o Japão numa situação em que ele não puder ter armas nucleares? Isso significa que esse país pode tomar o Japão sem lutar.

Não só a China, a Coreia do Norte também poderia tomar o Japão. Se a diplomacia com os Estados Unidos piorar e estes não tiverem mais vontade de socorrer o Japão em momentos de crise, mesmo um país pequeno como a Coreia do Norte, com apenas

20 milhões de habitantes, poderá subjugar o Japão. Talvez ela seja uma nação pequena, mas suas tropas são de mais de 1,1 milhão de soldados. Por outro lado, os integrantes das Forças de Autodefesa do Japão totalizam cerca de 230 mil. Além disso, os norte-coreanos possuem mais navios de guerra, com 780 embarcações. Eles também dispõem de muitos mísseis.

Com relação à miniaturização de ogivas nucleares, se eles conseguiram ter sucesso ou não, saberemos somente quando as lançarem. Mas poderá ser tarde demais. Se os norte-coreanos possuírem uma arma nuclear que acerte o alvo com precisão, o que o governo japonês fará? A menos que os Estados Unidos demonstrem a determinação de sacrificar vidas incondicionalmente para proteger os japoneses, a boia salva-vidas do Japão estará nas mãos desses países.

Realize uma política honesta com a população e com os países estrangeiros

Como líder religioso, não posso deixar que toda a população japonesa fique sujeita ao risco. Não digo isso somente como uma afirmação política. Não nos importa nem nos interessa saber que partido vai ocupar quantas cadeiras na Dieta. Na verdade, para nós pode ser qualquer partido. No entanto, o Partido da Realização da Felicidade está colocando os pés no meio político por não haver nenhum outro que assuma os riscos. Podemos fazer isso porque, mesmo recebendo críticas que se baseiam na mentalidade doméstica, convencional e da visão da história do pós-guerra, que perduram setenta anos, temos a força física e mental para continuar defendendo nossas opiniões.

Isso não é o que ocorre com os outros partidos. Tão logo são criticados, eles mudam a interpretação de suas posições ambíguas e não se envergonham em adotar opiniões opostas às que vinham sustentando até então. E, depois que são eleitos, executam medidas completamente diferentes das que pregavam durante as eleições. Gostaria que esses partidos parassem com esse tipo de política. Os políticos devem ser honestos com a população e essa mesma postura vale para os países estrangeiros. As potências mundiais têm a responsabilidade de guiar continuamente as pessoas do mundo todo para a direção correta.

Além disso, entre os nossos fiéis há pessoas ligadas ao PLD; portanto, na verdade não me sinto bem ao criticar o primeiro-ministro Abe diversas vezes.

No entanto, quanto à questão da base militar americana instalada em Okinawa[12], apesar do esforço para solucionar o problema mudando-a para a área

---

12 Depois da Segunda Guerra Mundial, os Estados Unidos mantiveram várias bases militares no Japão. O primeiro-ministro japonês, Shinzo Abe, tentou fazer a mudança da base de Futenma da sua localização atual, na cidade de Okinawa, para a baía de Henoko, ao norte da ilha de Okinawa.

de Henoko, dentro de Okinawa, o primeiro-ministro suspendeu as obras da nova base depois de ser procurado pela corte para um acordo. Segundo uma fonte, Abe tinha ficado obcecado pela transferência da marinha americana para uma ilha solitária, perto da ilha Tanegashima, na província de Kagoshima, e estava levando esta ideia para as forças americanas.

Se isso for anunciado de repente, a mídia de Okinawa vai ficar contente, os okinawanos ficarão contentes, bem como a esquerda japonesa, e há chances de que esta obtenha uma grande vitória na próxima eleição. Contudo, não se devem decidir as medidas de defesa nacional e de diplomacia apenas pelo ponto de vista das estratégias para vencer as eleições. Devemos pensar mais nas questões principais.

Não podemos deixar que tomem Okinawa apenas com palavras

A China está alegando categoricamente que Okinawa faz parte do seu território, bem como as ilhas Senkaku, e que são de importância primordial. Geralmente, não se consegue dizer uma coisa dessas. Se o Japão fizesse uma alegação semelhante, seria algo como afirmar que a península Liaodong faz parte do território japonês, pois o país a conquistou na Primeira Guerra Sino-Japonesa. Contudo, gostaria que o primeiro-ministro

• As leis da missão •

japonês, ou seu porta-voz, declarasse algo assim se fosse capaz. Poderia dizer também para a Rússia que as ilhas Curilas fazem parte do território japonês, e tentar tomá-las apenas com palavras. É difícil fazer uma alegação assim. Mas é o que a China está fazendo.

Além disso, os chineses estão construindo várias bases militares na região das ilhas Spratly e das ilhas Paracel, áreas onde alegam ter direitos territoriais. A China leva a cabo o que está dizendo e certamente essa é a verdadeira natureza de uma nação ditatorial.

Em outras palavras, a China não tem opositores, pois quem se opõe é eliminado junto com a família; portanto, ninguém é capaz de contestar. Ela realiza algo como o Congresso Nacional do Povo, que faz parecer haver um congresso, mas é apenas uma apresentação formal do que já está decidido; desse modo, não há ninguém que se oponha. Esse é o aspecto assustador da China, por isso, temos de ponderar bem.

De qualquer forma, não podemos permitir que Okinawa seja tomada apenas com palavras. Eu amo os okinawanos; por isso, se o governo vier com uma proposta de acordo induzindo uma concessão que faça os okinawanos se conformarem com a transferência da base naval americana para uma ilha solitária na região da província de Kagoshima, gostaria de dizer: "Pensem bem". Não poderia deixar de dizer a eles: "Essa é a história da tomada de Okinawa. Será tomada infalivelmente nos próximos passos. E, depois da transferência, vocês acham mesmo que os Estados Unidos vão nos proteger arriscando a própria vida?".

Não é assim que a diplomacia deveria funcionar. Não podemos lutar se não nos unirmos aos Estados Unidos. Se Donald Trump, do Partido Republicano, se tornar presidente, ele exigirá do Japão uma capacidade de autodefesa apropriada. Mesmo que Hillary Clinton, do Partido Democrata, seja eleita presidente, ela dirá que vai proteger o Japão, mas, para preservar seu lucro econômico com a China, vai optar por não enfrentar os chineses em uma guerra real[13].

Assim, o fato é que a nação que tiver a maior ambição é a que vai concretizar essa ambição.

5

Japão, desperte!

Depois da guerra, o Japão vem perdendo o espírito religioso

Creio que nos setenta anos decorridos após a Segunda Guerra Mundial os japoneses viveram um perío-

---

[13] Cenário político referente a março de 2016, quando foi realizada a palestra que originou este capítulo. (N. do T.)

do bom e pacífico, que resultou em um significativo desenvolvimento econômico. O triste é que, durante esse tempo, o Japão perdeu o espírito religioso.

Recentemente, foram publicados livros infelizes como *Jiin Shōmetsu* ("A extinção dos templos budistas") ou *Shūkyō Shōmetsu* ("A extinção da religião"). Mas, de fato, a religião está decaindo. Diversos grupos religiosos encontram-se à beira da extinção, o número de templos budistas está diminuindo, e também o número de pessoas para cuidar dos templos.

Em resumo: a fé está desaparecendo. Aumentou o número de pessoas que não acreditam no outro mundo, nem em Deus nem em Buda. Muitas delas consideram que a vida neste mundo é limitada e apenas se preocupam em protegê-la. Outras se contentam somente em estar livres de doenças, ter comida farta e um lugar para morar.

Os meios de comunicação japoneses têm usado com frequência a frase "oração para consolar as almas que partiram", dedicando-a para as cerca de 20 mil pessoas que perderam a vida no grande terremoto do leste do Japão, ocorrido em 2011. Mas será que eles sabem qual é o verdadeiro significado dessas palavras?

Para entender de fato esta frase – "oração para consolar as almas que partiram" – logicamente é necessário ter uma compreensão sobre a existência da alma, dos espíritos, de Deus, de Buda e do mundo espiritual. Nós damos nossas opiniões partindo do princípio de que realmente existem seres de um mundo assim. Jamais promovemos uma guerra por dizer que não temos medo de perder a vida. Afirmamos que a maneira de viver neste mundo irá determinar a maneira como viveremos no outro mundo. Com base nisso é que desejamos que muitas preciosas vidas brilhem de forma sublime. Não queremos que cada indivíduo seja simplesmente um meio para alcançar o objetivo de outros. Desejamos, sim, que cada um tenha como objetivo viver a própria vida e fazê-la reluzir do modo correto. Não seria essa a melhor parte da democracia?

A natureza divina, ou a natureza búdica, reside dentro de todas as pessoas

Do ponto de vista de Deus, a ideia de os seres humanos possuírem soberania é uma mentalidade extremamente prepotente.

Claro, a filosofia budista ensina que a natureza búdica reside dentro de cada um. Isso significa que a possibilidade de iluminação está aberta a todas as pessoas, e não que cada uma delas seja buda. O que esse conceito quer dizer é simplesmente que, se você acumula o aprimoramento espiritual, purifica seu coração e se torna capaz de desejar felicidade aos outros, vai conseguir entrar no caminho de Buda; e que as diversas pessoas têm seu próprio caminho para se tornarem *bodhisattvas* ou budas.

No cristianismo, costuma-se dizer que Jesus Cristo é filho único de Deus, mas esse pensamento está equivocado. É verdade que Jesus foi uma grande figura histórica e um líder espiritual enviado por Deus, mas houve muitas outras pessoas que transmitiram e captaram as palavras de Deus, e manifestaram a profunda fé Nele em termos práticos.

Dessa forma, eu acredito que a natureza divina ou natureza búdica reside dentro de todas as pessoas. E penso que, neste mundo terreno, é importante que surjam muitas pessoas com fé, capazes de se esforçar, sem se importar com os próprios interesses, pelo bem da humanidade e pelo amor ao próximo.

A religião é nada menos que uma organização extremamente importante, que promove um movimento de conscientização que ensina essas ideologias. É por isso que não podemos aceitar o clima do pós--guerra que menospreza a religião.

Além disso, a Happy Science está desafiando de frente as filosofias materialistas que dizem preferir que as religiões não existissem por causarem diversas guerras entre si. Mas a causa não está na religião. Os conflitos entre as pessoas não cessam porque os ensinamentos de Deus não estão sendo transmitidos corretamente.

Cumpra a missão concedida à Happy Science

Agora, a Happy Science, uma religião nova, é a única organização japonesa que tem potencial para se tornar uma religião mundial. Então, não deveríamos emitir nossas opiniões para o mundo? Quem fará isso senão nós mesmos?

Não digo que odeio a China ou a Coreia do Norte. Seus povos são extremamente importantes em termos históricos. Gostaria de dar-lhes a liberdade, dar-lhes a dignidade que o ser humano merece e que despertassem para a natureza búdica. Gostaria que se tornassem nossos companheiros para, juntos, construirmos a Utopia do Reino Búdico. Mas, se eles estão completamente enrijecidos por valores equivocados, devemos quebrar essa carapaça usando toda a força. Esta é a missão que nos foi concedida.

Além disso, também estamos engajados em atividades políticas, e não entramos nessa área por interesse próprio. Dentre os nossos candidatos, há aqueles que foram derrotados nas eleições seis ou sete vezes, e isso certamente deve ter sido muito doloroso. Mesmo assim eles continuam, pois não estão fazendo isso visando obter benefício próprio. Alguém precisa bater de frente. Eles continuam firmes para romper o senso comum do período do pós-guerra e para alertar sobre a crise nacional.

Portanto, não é hora de ser um "fiel fantasma". Se você não se erguer agora, não dará mais tempo. Se não transmitir agora essa filosofia para todo o Japão e para o mundo todo, será tarde demais. Este é o último alerta, e tudo realmente pode acabar.

Houve a erupção da ilha Sakurajima e do monte Aso. Pense bem sobre o significado desses eventos e o que nos aguarda depois disso.

Mesmo o grande terremoto do leste do Japão não ocorreu para causar sofrimento ao povo japonês. É um alerta do Céu para que o Japão desperte.

Paralelamente, no exterior algumas pessoas querem dominar outros países pelo medo. No entanto, não é possível forçar as pessoas a obedecer pelo medo; elas vão seguir apenas pelo amor. Com amor, podemos transformar o mundo. É para isso que a Happy Science foi fundada. Venho atuando há trinta anos nesse movimento e não vou parar até morrer. Por favor, siga-me até o último momento.

Quem está de pé diante de você é El Cantare, o Senhor dos deuses. Por favor, não se esqueça disso.

Capítulo 5

Despertar para o poder da misericórdia

~· Que o amor chegue até o coração de tantas pessoas quantas possível ·~

1
A resposta definitiva que colocará um ponto final nas guerras religiosas

Antes de pregar sobre o tema da misericórdia

Até agora, já falei sobre o tema da misericórdia no exterior[1], mas nem tanto no Japão. Quando iniciei a Happy Science, eu dava mais valor ao espírito de autoajuda. Porém, ao abordar esse tema no Japão, eu me sentiria obrigado a enfatizar a posição de quem está sendo salvo, o que iria contra essa minha intenção inicial.

Contudo, diversas fontes de preocupações estão despontando no arquipélago japonês, como o grande terremoto do leste do Japão. Após a tragédia, recebi cartas de alguns fiéis dizendo: "Nesses momentos de desastres, seria reconfortante haver um local para treinamentos espirituais na região de Sendai. Seria possível construir um?". Depois de ler, logo tomei a decisão de erguer o Templo Shoshinkan de Sendai. Senti que não ficaria pronto a tempo de salvar as vítimas desse desastre, mas construí uma edificação relativamente grande desejando que pelo menos fosse um farol espiritual de luz. Ele foi inaugurado em 2012.

---

1 Em 18 de setembro de 2011, realizei a palestra The Age of Mercy ("A Era da Misericórdia"), na Malásia. (N. do A.)

Ainda não se sabe até que ponto este templo está conseguindo proporcionar salvação. No entanto, assim como evidenciam as palavras "Boas Novas", que vieram a mim quando alcancei a Grande Iluminação, considero que as leis que prego têm de ser um evangelho para os japoneses e para o mundo. Foi para isso que, há trinta anos, no Primeiro Giro da Roda do Darma², em novembro de 1986³, proferi minhas primeiras palavras para quase noventa pessoas e venho caminhando até o presente momento.

Foi um começo pequeno, e talvez eu mesmo não tenha conseguido prever o quanto de força iria ganhar o ato de girar a Roda do Darma. É gratificante ver que, na época desse terremoto, a Happy Science já tinha adquirido força a ponto de conseguir concretizar em pouco tempo um desejo desse nível, a construção do Templo Shoshinkan de Sendai.

A luta incessante entre o cristianismo e o islamismo, que dura mais de um milênio

Ao observar o Japão como um todo e as diversas conjunturas do exterior, porém, sinto hoje que nossa força está muito aquém do desejado.

---

2 No budismo, o ato de Buda pregar as Leis é expresso como "girar a Roda do Darma". (N. do T.)
3 Em 23 de novembro de 1986, ministrei a palestra "Conferência em Comemoração à Inauguração da Happy Science". (N. do A.)

• Despertar para o poder da misericórdia •

O tema deste capítulo, "o poder da misericórdia", é a própria Luz Fundamental que vem de Deus ou Buda, um conceito abordado por diversas religiões. Apesar disso, estão ocorrendo muitos atos terroristas e guerras sangrentas envolvendo as religiões.

Atualmente, a Europa, e sobretudo a França, está sendo alvo de ataques dos extremistas muçulmanos, criando uma discórdia. Além disso, os ataques aéreos ao Estado Islâmico estão se intensificando.

Sinto uma tristeza indescritivelmente profunda. Não tenho palavras para isso. Entendo que ambos alegam ter suas razões para atacar, mas me entristece demais ver que é tão difícil estabelecer uma compreensão mútua para ambos os lados.

O islamismo deseja que o poder do todo-misericordioso Alá alcance todas as pessoas. Porém, a realidade é que os fiéis de Alá do mundo terreno não conseguem inferir qual é o alcance do Seu desejo de salvação. Além disso, no passado, os muçulmanos enfrentaram os cristãos em três principais Cruzadas, mas essa desavença continua até os dias atuais.

O estilo de guerra também mudou muito. Hoje começamos a ver a *guerra dos drones*. Os Estados Unidos já conseguem controlar uma aeronave em miniatura não tripulada por meio de uma tela, sem sair de seu país, realizando ataques aéreos no Estado Islâmico ou em alguma parte do Paquistão. O controle desse avião parece um jogo de videogame; por isso, provavelmente é difícil perceber que, na verdade, estão tirando vidas. É extremamente doloroso para um indivíduo olhar para o cadáver de uma pessoa que ele próprio matou. Mas, agora, entramos numa era em que esses atos dão apenas a sensação de um jogo de videogame.

Por outro lado, aqueles que se opõem a esses ataques sobem no palco de um teatro e disparam tiros indiscriminadamente, amarram explosivos no próprio corpo e causam uma explosão suicida, ou colocam um explosivo dentro de uma lata para derrubar um avião. São métodos primitivos demais, que nem parecem ser cometidos por pessoas da nossa mesma era. Talvez seja dessa maneira que eles tentam resistir a qualquer custo na linha de frente.

Dessa forma, parece que as pessoas estão em épocas bem diferentes e sinto uma tristeza indescritível. Apesar disso, é uma batalha que não tem fim. E por que não? Porque eles não obtiveram a *resposta definitiva*.

Por que cristãos e muçulmanos vêm se confrontando há mais de mil anos? Na segunda metade da Idade Média, os muçulmanos invadiram a Europa e o Sacro Império Romano-Germânico chegou perto de sofrer um colapso. Houve uma época em que o cristianismo é que estava numa situação crítica. Ou seja, havia a possibilidade de que toda a Europa viesse a se converter ao islamismo. No entanto, depois disso, as nações cristãs retomaram sua força após o crescimento do protestantismo e com a Revolução Industrial. É esta a situação atual e, se continuar assim, existe a possibilidade de que as nações muçulmanas sejam extintas.

Considerando-se esse desenrolar da história, podemos dizer que nos vemos diante de grandes questões: Haverá inovações? Deus concederá uma nova força? Como a nossa civilização vai se transformar?

Nós, da Happy Science, já fornecemos a resposta. No entanto, infelizmente ela ainda não se propagou o suficiente para todo o Japão ou para o mundo todo. Nesse ponto, sinto uma tristeza muito, muito grande.

2

O ensinamento do amor proporciona a compreensão mútua

O elemento que está presente no xintoísmo japonês, mas não no islamismo

Na época da grande guerra chamada de Segunda Guerra Mundial, ou Grande Guerra do Leste Asiático, o Ocidente provavelmente enxergava o Japão como o Estado Islâmico atual, a organização que ele está bombardeando hoje.

É verdade que há elementos em comum nas raízes espirituais do islamismo e do xintoísmo japonês, como ficou claro na investigação espiritual da Happy Science[4]. Entretanto, há uma diferença entre seus ensinamentos. O que o xintoísmo tem, mas não o islamismo? É a existência de uma divindade como Amaterasu-Ō-Mikami, a Deusa do Sol. Quem me apontou isso foi meu terceiro filho, Yuta.

Ambos empregaram métodos similares na hora de estabelecer um estado-nação: tanto o Japão como os países islâmicos realizaram a unificação usando a força militar. No entanto, no Japão havia a deusa Amaterasu-Ō-Mikami, cuja luz da harmonia criou o espírito Yamato (espírito do Japão). Este é o aspecto que difere fundamentalmente o Japão dos países muçulmanos.

No Japão, essa luz da harmonia não só evitou que o país assumisse a postura de que só ele estava certo, sem se importar com o resto, como também se tornou a força capaz de absorver diversas filosofias, estudos e até mesmo religiões de outros países. Nesse sentido, temos de saber que a tolerância do Japão é a manifestação dessa força da harmonia.

---

4 Ver *As Leis da Justiça* (São Paulo: IRH Press do Brasil, 2016) e *Shūkyō Shakaigaku Gairon* ("Introdução à sociologia religiosa", IRH Press Tóquio, 2014). (N. do A.)

Os problemas oriundos da idolatria ocorrem por causa da estreiteza mental do ser humano

Quando realizei uma palestra em Sendai anteriormente, avistei da janela do hotel onde estava hospedado uma estátua de Kannon[5] que parecia ter uns 100 metros de altura. Naquela hora, pensei: "Se um muçulmano radical visse aquilo, logo teria vontade de destruí-la". Se construírem uma estátua tão grande como aquela no meio da cidade, pode haver mesmo pessoas querendo destruí-la. No entanto, você deve saber que esse impulso de destruição ocorre por falta de uma compreensão fundamental.

Os ensinamentos muçulmanos proíbem a idolatria, assim como ocorre no judaísmo antigo, em que Moisés pregava ensinamentos que condenavam a idolatria. Entretanto, para ser honesto, há um certo mal-entendido neste ponto.

No início, existia o seguinte pensamento: "Deus é diferente dos humanos, é um Ser tão grandioso que não pode ser comparado a nada. Se Deus for expresso na forma de um ídolo, as pessoas podem erroneamente acreditar que Sua aparência real é aquela mesmo, e talvez comecem a pensar em Deus e nos seres humanos em pé de igualdade, e que, portanto, Deus é parecido com os seres humanos. Por isso, deve-se ter

---
5 Deus budista da misericórdia.

fé em Deus sem expressá-lo por alguma forma". Ou seja, podemos considerar que a origem da negação da idolatria surgiu do respeito sublime a Deus.

A mesma ideia existia no budismo. As estátuas budistas começaram a ser construídas em grande quantidade a partir da época do budismo maaiana. Mas, antes disso, durante quase quinhentos anos após a época do Buda Shakyamuni, não existia nitidamente uma fé que permitisse criar e venerar estátuas de Buda. Em vez disso, havia diversas representações do Buda sem forma: representado como Roda do Darma ou pegadas Dele encravadas na pedra. A ideia implícita nisso era de que a expressão por meios físicos desvalorizaria demais a imagem sublime de Buda.

O próprio sentimento de expressar respeito ao grandioso poder que não é deste mundo é extremamente importante na religião. No entanto, se as pessoas se prendem muito ao aspecto formal do ato de não representar deuses fisicamente, e, por isso, destroem as expressões físicas, estão enganadas. É natural que, com o passar do tempo, as pessoas queiram não apenas imaginar em sua mente o ser que reverenciam, mas também vê-lo com os próprios olhos.

Assim, é extremamente triste ver que a parte que não foi suficientemente esclarecida quando o ensinamento original surgiu pode se tornar uma tragédia futura, levando as pessoas a rejeitar outras religiões ou a eliminar deste planeta tudo o que é diferente. A estreiteza mental dos seres humanos é o que mais devemos lamentar.

Aceitar as diferenças como elas são e compreendê-las também é um ato de amor

Dentre os ensinamentos da Happy Science, "a integração de todas as religiões" é um grande princípio que defendemos desde sua fundação.

Em meu livro *As Leis do Sol*[6] eu explico claramente que o budismo, o cristianismo e outras religiões na verdade se originaram de uma fonte fundamental. Escrevi esse livro quando eu ainda tinha cerca de 30 anos; por isso, os aspectos sensitivos estão bem vivos. Por outro lado, em geral a obra possui muitas partes ingênuas e outras em que não dei explicações suficientes. Quando eu a releio agora, fico até um pouco sem graça por alguns aspectos.

Não obstante, expressei meu desejo de transmitir o fato de que todas as religiões originaram-se a partir de uma única fonte fundamental, que seus ensinamentos vieram de uma única origem; por isso, quero construir um mundo novo e utópico por meio do conhecimento mútuo, da compreensão mútua e da confiança mútua, em vez de gerar conflitos por enfa-

---

6 *As Leis do Sol*, 2ª Ed., São Paulo: IRH Press do Brasil, 2015.

tizar as diferenças. E creio que venho demonstrando este sentimento em todos os livros, desde que publiquei esse primeiro livro conceitual.

Agora, não só estou tentando preencher as grandes lacunas que existem entre as religiões mundiais, como explicar quais são as vontades de Deus ou de Buda em todas as atividades humanas, inclusive nos estudos acadêmicos e nas maneiras de pensar, e mostrando a diferença entre os povos. Mais ainda, estou começando a falar até sobre a existência de várias formas de vida extraterrestre, que diferem dos seres humanos da Terra. Ou seja, estou dizendo que, às vezes, por trás das diferenças de etnia, de religião e de cultura, há diferenças que têm raízes no espaço cósmico.

Todos nascemos e somos contemporâneos neste campo de treinamento da alma chamado Terra, cientes de que existem essas diferenças, onde, lapidados por ambientes distintos, tentamos criar novos padrões de estilo de vida, culturas, filosofias e modos de pensar. Diferentes almas vêm à Terra para fazer avaliações e estabelecer maneiras corretas de pensar como terráqueos e formas de viver que tenham corretos sistemas de valores, uma correta moral e uma correta religião.

Essa diversidade não tem por objetivo causar confusão na humanidade. Pelo contrário, ela serve para que as pessoas percebam novas possibilidades ao conhecer as diferenças.

Eu gostaria que você soubesse que ainda tem a possibilidade de mudar quando conhece a diferença que existe em relação ao outro. Mesmo que haja diferenças entre as religiões, isso não deve levar à vontade de destruir as outras crenças. Em vez disso, quando uma religião encontra em outras alguns elementos que ela mesma não possui, deve analisá-los a fundo até não restarem dúvidas. Depois, deve mudar o que precisa ser mudado e se esforçar para elevar a força que melhora a natureza humana.

Não é como se todos os indivíduos tivessem sido criados perfeitamente iguais desde o início. Ou seja, os seres humanos não foram todos criados uniformemente em uma fábrica de robôs. Cada um nasce com intenções e metas variadas. Por isso é que surgem divergências no objetivo de vida e na missão de uma pessoa para outra.

Aceitar essas disparidades do jeito que são e compreender os outros também é um ato de amor. Se você não consegue amar uma pessoa, é porque não está conseguindo compreendê-la.

Por não ter compreensão é que as pessoas se odeiam, se atacam, uma exclui a outra. E por não ter compreensão é que a corrente do ódio não para.

Você não deve achar que é normal não conseguir parar essa corrente do ódio. Não podemos deixar essa corrente aumentar. Em vez disso, se você perceber que houve falta de compreensão da maneira de pensar dos outros, deve dar pelo menos um ou dois passos em direção à compreensão mútua. Isso é o importante.

3
O saber conduz à salvação

Continuaremos a publicar ensinamentos para que sejam um evangelho para cada pessoa

A Happy Science não foi criada para trazer caos a este mundo, mas para explicar essas diferenças, proporcionar compreensão e harmonia e criar uma grandiosa e nova utopia.

O ano de 2016 foi um marco: comemoramos o 35º aniversário desde que alcancei a Grande Iluminação, o 30º aniversário da fundação da Happy Science e o 25º aniversário do registro da Happy Science como instituição religiosa. Nossos fiéis se esforçaram muito para que tudo isso acontecesse. E tenho dado minha humilde contribuição, trabalhando como se empilhasse pequenos blocos de tijolos um a um.

Na Festividade Natalícia, em julho de 2016, anunciei que estava fazendo naquela ocasião minha

2.500ª palestra, intitulada "A luz que salva a Terra". Em novembro de 2015, realizamos uma assembleia[7] em comemoração à publicação do meu 2.000º livro, *As Leis da Justiça*[8]. Até dezembro de 2016, eu já havia realizado mais de 2.600 palestras e publicado mais de 2.200 livros.

Entendo que esse volume de obras é uma quantidade gigantesca, e a maioria das pessoas não consegue ler todas elas. No entanto, não escrevi esses livros para despejar 2 mil conteúdos na cabeça do leitor. Escolhi esse método porque os ensinamentos requeridos variam de uma pessoa para outra. Algumas podem dizer que eu não preciso publicar tantos livros. Entendo o sentimento daqueles que pensam que um livro por ano seria o bastante. Contudo, essa quantidade é insuficiente.

É claro que ensinamentos fundamentais como os da *Série Leis* são definitivamente necessários, mas há também diversos outros conceitos complementares, que talvez não possuam uma relação direta com a *Série Leis* mas podem ser úteis a uma pessoa agora. É por isso que continuo publicando livros, na esperança de prover pelo menos o mínimo de ensinamentos que sirvam como um evangelho para cada pessoa.

---

7 Evento "Festa em comemoração ao 2.000º livro da série de publicações de Ryuho Okawa – Lançamento do livro *As Leis da Justiça* em 14 de Dezembro", realizado no Josui Hall Tóquio. (N. do A.)
8 *As Leis da Justiça*, São Paulo: IRH Press do Brasil, 2016.

Os ensinamentos da Happy Science são *cordas de salvação*

Hoje, a Happy Science enfrenta uma fase difícil de sua gestão. A organização está crescendo tanto que o grupo como um todo não consegue mais exercer uma ação uniforme rumo a um objetivo comum.

Por exemplo, algumas pessoas juntaram-se à Happy Science para descobrir a causa de sua doença grave e curá-la. Apesar disso, elas podem ser convidadas a participar de atividades políticas para apoiar o Partido da Realização da Felicidade. Há também pessoas interessadas em saber de qual planeta veio sua alma[9]. A Happy Science está estendendo suas atividades a tantos segmentos que, em diversos locais, os fiéis não sabem o que estão fazendo. Assim, talvez não estejamos conseguindo extrair ao máximo a força da organização como um todo.

No entanto, esta é certamente uma forma de atuação. Nesse caso, significa que cada pessoa está inserida num ambiente que oferece uma extensa variedade de maneiras de pensar e pode escolher a direção para onde vai remar o seu pequeno barco. Além disso, como estamos cientes deste posicionamento, não

---

9 O mestre Okawa tem o poder de fazer leitura das vidas passadas. Ele pode retroceder a memória da alma a um passado tão distante, de milhões ou bilhões de anos atrás, até chegar a uma época em que a alma vivia em outros planetas. A leitura de vidas passadas que chega a esse nível chama-se leitura alienígena. (N. do T.)

corremos o risco de, por causa de uma mentalidade pequena, transformar nossa atividade em um movimento totalitarista, que rejeita, expulsa ou extingue tudo o que é diferente. Nesse sentido, é um posicionamento importante.

Temos diversos ensinamentos, não para semear confusão, mas para lançar *cordas de salvação*, uma após a outra, para os diversos tipos de pessoa. Alguns dos meus ensinamentos podem não estar diretamente ligados aos japoneses, mas têm relação com os estrangeiros. Alguns dos meus livros podem parecer religiosos para os japoneses, mas para os povos de outros países podem ser lidos como "livros para estabelecer uma ideia de nação". Há pessoas que os leem também como "leis para encerrar a corrente de guerra".

Os confrontos religiosos ocorrem devido à falta de ensinamentos

Aqueles que estudam a Verdade na Happy Science, quando não compreendem uma pessoa por mais que tentem, tendem a pensar que a alma dela é de outro planeta e que, portanto, não há o que possam fazer. Talvez essa desistência em compreendê-la seja uma forma de ter paz de espírito. Contudo, não importa que nossos planetas de origem sejam diferentes. Estamos agora na Terra, todos como terráqueos, fazendo parte de uma experiência civilizatória. Além disso, mesmo dentro do âmbito da Terra, se uma pessoa vive por décadas em outro país ou com outra nacionalidade, ou em um país de religião ou sistema político diferente, cresce com pensamentos distintos do que possuía originalmente. Por isso, alguns optam por renascer em diferentes países.

A propósito, eu já preguei muitos ensinamentos sobre os segredos da reencarnação. Por outro lado, esse assunto não é explicado com clareza na Bíblia; assim, muitas pessoas ligadas ao cristianismo acabam se retraindo somente ao saber que um grupo prega sobre a reencarnação, rotulam o grupo de herege e afirmam que não se deve acreditar nele. Em suma, isso ocorre devido à falta de ensinamentos.

Mas não há nenhuma chance de que o próprio Jesus Cristo desconhecesse o mecanismo pelo qual uma pessoa que nasce neste mundo tenha vindo de outro mundo. O que houve é que poucos de seus ensinamentos sobre a reencarnação conseguiram sobreviver até hoje. Todavia, os sacerdotes da era moderna não conseguem interpretar esse conceito.

É por isso que, quando ouvem os ensinamentos sobre reencarnação, logo assumem que são heréticos e malignos, e que são iguais às religiões do passado que foram perseguidas pela Inquisição. Além disso, os cristãos consideram que o islamismo é uma religião herética. Porém, quando registramos uma mensagem espiritual de Maomé, ele disse que os ensinamentos do cristianismo são do diabo[10]. Se esse antagonismo se limitar a um debate, pelo menos isso não vai matar ninguém. Mas, se houver uma ordem para pegar em armas e derrotar o inimigo, a consequência será terrível. De qualquer forma, embora seja aceitável haver argumentos diferentes para fins de debate, precisamos desenvolver uma grandeza de caráter suficiente para abranger todos eles.

O conhecimento serve de base para tomar decisões

Atualmente, meus livros são publicados em vários idiomas. Este é um aspecto muito importante. O conhecimento prévio serve como base para tomar decisões. Só de você saber que determinada maneira de pensar existe, você pode parar e reconsiderar.

A Happy Science está traduzindo obras minhas para 28 idiomas, sem se preocupar com os lucros. Na prática, não se pode cobrar um valor elevado pelos livros lançados em países com economia fraca. Assim, nesses locais estamos distribuindo esse material praticamente de forma gratuita, como livros-textos.

---

10 Ver *Muhhamed yo, Paris wa Moeteiru ka – Hyōgen no Jiyū vs Islam-teki Shikō* ("Ó Maomé, Paris Arde em Chamas? – A Liberdade de Expressão X Fé Muçulmana", IRH Press Tóquio, 2015). (N. do A.)

No entanto, meus livros contêm muitos fatos que as pessoas estão vendo pela primeira vez e que as deixam impressionadas. Por isso, precisamos conscientizá-las. Hoje, em diversas partes do mundo estão ocorrendo conflitos gerados por todo tipo de divergência, e não suportamos deixar que esses conflitos continuem.

Sem dúvida, há livros da Happy Science que não estão diretamente relacionados com você. Por exemplo, algumas pessoas não terão interesse em ler algo sobre os segredos da moda[11]. Mas talvez outras encontrem a salvação para sua situação nesse mesmo livro.

Nós também publicamos livros sobre a cura de doenças usando o poder da mente[12]. Aqueles que trabalham em hospitais podem demonstrar forte rejeição a esse tipo de leitura. Entretanto, no Japão uma quantidade enorme de dinheiro de impostos é gasta no bem-estar dos idosos e no tratamento de doenças. E isso ocorre devido à influência da grande propagação do pensamento materialista de hoje em dia.

Por outro lado, ao saber que uma pessoa pode criar doenças em si mesma, ela pode adquirir a capacidade de melhorar sua condição por si própria. Por isso, essa é uma ideia extremamente importante.

---

11 Ver *Fashion Sense no Migaki-kata* ("Como Aperfeiçoar seu Senso de Moda", IRH Press Tóquio, 2016). (N. do A.)
12 Ver *Byōki Karma Reading* ("Leitura do Carma de Doenças", IRH Press Tóquio, 2015).

Devemos considerar também que a sociedade está envelhecendo rapidamente, o número de pessoas acamadas, apenas à espera de salvação, vai aumentar e esta não é uma situação boa.

4
Desperte para o poder da misericórdia que reside em você

Por que é importante saber o que é a morte

No final, há uma dúvida comum a todas as pessoas. Isso se aplica a todos, independentemente de quem você é ou de sua nacionalidade. Refere-se à misericórdia, o tema deste capítulo. Essa dúvida é: "O que é a morte?".

Algumas pessoas vivem mais de 100 anos, mas, por mais que se esforcem, ninguém pode escapar da morte. Mesmo Konosuke Matsushita, o fundador da Panasonic, que disse que iria viver até os 160 anos, faleceu aos 94. Há um limite para o quanto você pode estender sua vida.

Assim, é muito importante saber o que é a morte, ou seja, o que significa deixar este mundo, pois, quanto mais cedo você souber, mais isso influenciará sua maneira de utilizar o tempo que lhe resta.

Todavia, a maioria das pessoas não conhece nada além do mundo onde estão sua família, seus amigos, seus colegas de trabalho e conhecidos. Por esta razão, elas têm vontade de permanecer neste mundo, mas é justamente esse sentimento que dá origem a diversos problemas e sofrimentos.

Quando as pessoas que não possuem absolutamente nenhum conhecimento do mundo espiritual morrem, elas não sabem para onde ir, a não ser ficar perto da família. Por isso, ficam vagando pela casa ou visitam seus amigos, seus avós, ou podem aparecer perto de seus colegas de trabalho. Essas almas permanecem vagando desse modo por anos e décadas.

O que é o poder da salvação que se exige dos sacerdotes profissionais?

Não haveria nenhum problema se o monge que conduz uma cerimônia conhecesse a Verdade. Se ele fosse capaz de explicar sobre a vida após a morte para a alma do falecido, ou para seus familiares, e pudesse enviá-la para o Céu, então o falecido poderia ser salvo. Mas os sacerdotes de hoje não têm essa capacidade.

Por exemplo, para ajudar as pessoas em áreas afetadas pelo grande terremoto do leste do Japão, os monges budistas abriram um "Café do Bonzo", onde serviam cafés gratuitamente. Foi um ato gentil e amável, e pode ter proporcionado algum conforto e paz de espírito às pessoas. Mas, se eles são monges, deveriam explicar com responsabilidade o outro mundo como verdadeiros monges. Os monges que fogem dos assuntos do outro mundo não valem nada.

Tanto no budismo quanto no cristianismo, há sacerdotes que fogem da explicação do outro mundo e se limitam a fazer comentários apenas sobre os aspectos deste mundo. Mas aqueles que evitam estas abordagens não são dignos de serem chamados de profissionais. Eles devem estar dispostos a enfrentar esses assuntos. Se forem incapazes de responder a perguntas como: "O que ocorre quando as pessoas morrem?", "O que exatamente Deus ou Buda está fazendo?", estarão desqualificados como profissionais. Esses aspectos espirituais devem ser ensinados com responsabilidade.

Se os sacerdotes de uma religião não sabem se o outro mundo existe após a morte, se a alma existe, não sabem por que estão realizando a cerimônia e ocupam o cargo de sacerdotes apenas para manter o templo, então, infelizmente são hereges e não constituem uma religião verdadeira.

Provavelmente há muitos casos desse tipo, o que é indesejável. Uma religião não é legítima se não pode salvar as pessoas no sentido mais verdadeiro. Uma religião não é autêntica se, ao ouvir seus ensinamentos, as almas perdidas após a morte não podem se reerguer e retornar para onde devem ir. Para que isso ocorra, primeiramente é essencial que elas compreendam a Verdade enquanto ainda estão vivas neste mundo. Se isso não for possível, a Verdade tem de ser ensinada a pessoas que estão vivas agora, ou seja, aos familiares, parentes, amigos e aos demais, enviando indiretamente ao falecido o conhecimento da Verdade pelo pensamento. Essa é a melhor cerimônia, o melhor culto e a melhor missa para consolá-lo.

Quando as pessoas que vivem sem conhecer a Verdade – e levam apenas uma vida materialista ou com pensamentos hedonistas – perdem a vida em um instante, devido a uma enchente ou a um tsunami repentino, elas não têm ideia do que aconteceu, de onde estão, do que devem fazer e o que as pessoas ao seu redor estão fazendo. Por exemplo, se os parentes falecidos da plateia vierem à minha palestra como espíritos e nos olharem de cima, eles pensarão algo como "O que está acontecendo? Será que é alguma cerimônia de casamento?".

No entanto, o ser humano não pode acabar assim. Isso é algo que compromete a dignidade humana e a dignidade da alma. Na verdade, saber quem você é, como deve viver, e sobretudo o que deve fazer depois de morrer constituem parte da nossa condição de seres humanos. São parte da condição para se viver como ser humano.

Como evitar cair no Inferno da Discórdia ou no Inferno das Bestas

O poder da misericórdia, o tema deste capítulo, é o poder do afeto e a capacidade de cuidar de outras pessoas. Ter este poder é igualmente importante no outro mundo, porque ali existem muitos reinos diferentes, dentre eles os reinos chamados de Inferno.

Existe, por exemplo, um reino chamado Reino Asura, ou Inferno da Discórdia, que é o reino da luta, da destruição e da guerra. Há também um reino chamado Reino dos Animais, ou Inferno das Bestas, onde muitas almas humanas vivem como animais e têm até sua aparência transformada em animal. Para evitar ir a esses infernos, você deve ter um coração misericordioso.

Em linguagem figurada, podemos dizer que o reino da luta e da destruição, e também o reino dos animais, são esferas onde seus habitantes "devoram uns aos outros", onde as criaturas fazem do outro seu alimento. É um local de constante medo de ser uma presa e morrer ou onde só se pensa em devorar o outro.

Para evitar ir a esses reinos, um coração misericordioso é essencial, pois este é o sentimento de ser solidário com a tristeza das pessoas, compreendê-las e querer aliviá-las.

Em outras palavras, se você consegue ter um coração misericordioso, significa que está um passo adiante do ponto de partida como ser humano. Por outro lado, se você não pode compreender esta misericórdia, está vivendo em um mundo de selvageria onde os fortes devoram os fracos, um reino no qual há matanças seguidas todos os dias, semelhante ao que ocorre atualmente nas regiões desérticas do Oriente Médio. Trata-se exatamente do Reino da Discórdia. Se você não puder compreender o coração da misericórdia, é para esse tipo de mundo que você vai retornar depois de morrer.

A propósito, certa vez, vi na televisão uma entrevista realizada na Avenida Omote Sandō com uma menina de 11 anos que tinha vindo de um país muçulmano para o Japão. Chamou-me a atenção o fato de que, durante a entrevista, ela olhou diversas vezes para o céu. Aparentemente, estava verificando se algum *drone* militar (uma aeronave não tripulada) sobrevoava a área.

Ela disse ter vivenciado a situação de avistar um míssil sendo disparado em sua direção enquanto trabalhava numa horta com a avó. Ao que parece, também há casos de ataques de mísseis durante cortejos nupciais. As pessoas que moram em áreas de conflito com certeza vivem cheias de medo e, quando morrem, em geral vão para o Reino da Discórdia, porque desconhecem outros tipos de ambiente; logo, vão automaticamente para um mundo governado pelo medo. No entanto, acabar em um mundo assim ou naquele governado pela lei da selva após a morte significa que, como ser humano, a pessoa não alcançou nível suficiente de evolução.

Por que existem competições neste mundo?

É verdade que existe competição neste planeta. Dependendo do modo como você a encara, um mundo competitivo pode parecer brutal. No entanto, o ser humano tem um status diferenciado porque não se limita à ideia de que só ele deve sobreviver, levar uma vida fácil ou obter lucros derrotando outras pessoas ou empresas. É nesse ponto que ele difere do reino dos animais.

Se outras empresas crescem, é importante que você tenha o espírito de criar produtos melhores para beneficiar o mundo. Se quiser monopolizar as vendas de mercado "esmagando" seus concorrentes, sua própria empresa se tornará um reino de animais selvagens.

Por isso, você precisa ter um coração misericordioso. É assim que se cria um mundo onde todos podem se ajudar e nutrir uns aos outros.

Também existe competição em nível individual. No vestibular, por exemplo, uma pessoa pode ficar com raiva ou sentir ciúme de quem se sai melhor do que ela nos exames. Por outro lado, aqueles que são bons nos estudos podem desprezar, desrespeitar, discriminar ou ridicularizar os que não são, causando todos os tipos de sofrimento. Entretanto, essas atitudes são de uma extrema estreiteza mental.

Não se deve competir apenas por competir. O que se enxerga como competição é o processo do aperfeiçoamento mútuo por meio da rivalidade. Será uma desfeita com seus pais se você ficar ocioso, esquecer o significado de ter nascido e não pensar em melhorar a si mesmo.

Seus pais se deram ao trabalho de concebê-lo; por isso, procure se esforçar bastante nos estudos e realizar um bom trabalho, inclusive cumprir o que seus pais não conseguiram. Deseje servir ao mundo e se tornar uma pessoa respeitável, capaz de ajudar os necessitados. Para tanto, capacite-se obtendo diversos aprendizados em meio a uma competição saudável. Além disso, é importante melhorar suas condições financeiras, o que evidentemente será útil para abrir diversos caminhos. Com ótimas condições financeiras, não só você pode salvar a si mesmo, como, também, sem dúvida se tornará uma força para salvar outras pessoas.

Construímos o Templo Shoshinkan de Sendai esperando que ele sirva como um farol de luz para aliviar a dor e o sofrimento de muitas pessoas que vivem na

Região Nordeste do Japão, bastante afetada por desastres naturais. A construção do templo custou mais de 1 bilhão de ienes[13]. A arrecadação de uma quantia dessas significa que houve muitas doações em todo o país, e não queremos que esse dinheiro seja desperdiçado, mas que se torne uma força para ajudar muitas pessoas.

Os ensinamentos corretos devem chegar ao maior número possível de pessoas

Justamente numa era como a atual, não estamos distribuindo alimentos como pão ou leite, pois o que as pessoas mais querem são ensinamentos corretos que possam orientá-las. "O que são os seres humanos?", "De onde viemos e para onde vamos?", "O que é a morte?", "O que acontece quando morremos?", "Se há sofrimento após a morte, como podemos ser salvos?", "Depois da morte, o que posso fazer para me tornar um ser respeitável, capaz de guiar os outros?" Agora, o Japão e o mundo necessitam de ensinamentos corretos que respondam a essas questões fundamentais.

É por isso que a Happy Science precisa crescer mais um nível. Devemos adquirir força suficiente para conseguirmos estender nossas mãos às pessoas do mundo todo. Não realizamos nossas atividades meramente para obter benefício próprio, lucro ou fama.

---

13 Cerca de R$28 milhões ou US$9 milhões em janeiro de 2017.

• As leis da missão •

Em 2014, dei mais de 180 palestras, o que considero uma quantidade insana. Você ficaria sobrecarregado ouvindo uma palestra a cada dois dias. Eu também ficaria. Porém, realizo todo esse volume de trabalho e às vezes penso que isso pode acabar me matando e que, se eu morrer cedo, será um desrespeito com todos. Se isso ocorrer de modo prematuro e restarem ensinamentos a pregar, eu mesmo posso acabar me tornando um "espírito perdido", por isso dou palestras para transmitir o que tenho a dizer o quanto antes.

Dou minha vida pela verdade.
Digo isto não apenas da boca para fora.
Desejo que as Leis
Alcancem o maior número possível de pessoas.
Desejo que os ensinamentos
Alcancem o maior número possível de pessoas.
Desejo que o espírito de amar
Alcance o maior número possível de pessoas.
A prática dessa vontade
É justamente o poder da misericórdia.
Desperte para o poder da misericórdia
Que reside em você.

Muitas pessoas estão esperando a Verdade. Rezo do fundo do meu coração para que essa luz do amor alcance todo o Japão e o mundo inteiro.

Mensagem a você 4:
A diferença entre terrorismo e revolução

As Cruzadas travadas entre cristãos e muçulmanos já foram suficientes. Eu fiz parte da formação do cristianismo. Definitivamente, orientei Jesus Cristo, que estava na terra dos judeus, a partir do Mundo Celestial. E também fui eu quem guiou Maomé na Arábia, após mais de seiscentos anos. Não suporto ver as religiões que eu originei brigarem com ódio entre si por mais de mil anos. Então, o que podemos fazer? Pregar ensinamentos que criem uma base para a compreensão mútua; seria bom se essa fosse a próxima meta.

O budismo pregou a misericórdia, a salvação e a importância da fé. A maior parte de sua filosofia preparou o terreno e criou a base da mentalidade cultural do Oriente.

A misericórdia é o espírito de amar, no sentido de encontrarmos no outro o que temos em nós mesmos. É acreditar que o outro também possui um diamante de filho de Deus brilhando dentro dele, e que está aberto também a ele o caminho para a iluminação por meio do esforço como um filho de Buda.

Creio que o único lugar onde posso pregar isso é no Japão, onde o Ocidente e Oriente se fundem.

Assim, o Japão precisa ser mais firme, e eu desejo do fundo do coração que os ensinamentos aqui pregados alcancem todos os cantos do mundo.

Além disso, existe o conceito de *revolução*. Este não deve ser confundido com o terrorismo, cujos autores o praticam apesar de crerem em uma religião da misericórdia e do amor. Às vezes, o terrorismo e a revolução se parecem. Em outros aspectos, são distintos. Onde está a diferença? Neste mundo, a maioria das ações terroristas é dominada por vingança, fúria e ira. Seus seguidores têm vontade de se vingar derramando o sangue de muitas pessoas. No entanto, por trás desse pensamento sinto que existe a ideia de que Deus pede sacrifício.

Por outro lado, a revolução é compreendida de diversas formas, mas sua essência é o estabelecimento da liberdade. Considero que é completamente diferente do terrorismo.

A Happy Science tem defendido a Revolução da Felicidade. Porém, nossa revolução não será concretizada pela violência. Buscamos estabelecer a liberdade neste mundo por meios pacíficos. Eu gostaria que você compreendesse este ponto.

Trecho da palestra "A luz que salva a Terra".

Capítulo 6

Um mundo no qual podemos acreditar

∽· Você também possui a Luz
para tornar o mundo feliz ·∾

1

Mude o mundo por meio da revolução da felicidade

Responsabilidade e dever como o berço dos ensinamentos

Quando eu revejo os anos recentes, sinto que o mais difícil dentre as nossas atividades foi a inauguração da Universidade Happy Science, no Japão, em 2015. Fizemos isso ignorando a decisão do Ministério da Educação, Cultura, Esporte, Ciência e Tecnologia (conhecido como MEXT); por isso, foi uma batalha entre a nação e a religião.

Creio que nunca na história japonesa uma universidade foi inaugurada mesmo sendo rejeitada pelo MEXT. Mas, de certa forma, a Happy Science é um tipo de organização societária que atua em mais de cem países. Assim, considerei que não há mais nenhum outro órgão capaz de conceder uma aprovação em uma instância superior à que El Cantare já aprovou.

Quanto ao conteúdo curricular, presumo que criaremos uma instituição de ensino melhor por estar em consonância com o que acreditamos. Não significa jamais que não daremos ouvidos aos outros, mas considero que a atitude de reduzir a qualidade do currículo por escutar a opinião de pessoas de baixo discernimento pode comprometer o futuro dos estudantes; por isso, mantive o conteúdo e avancei para uma direção melhor ainda.

Este é um desafio e tanto, mas a Happy Science não é uma religião que desaba facilmente devido a meras "opressões". Pelo contrário, é melhor que o governo japonês se preocupe com o colapso do Estado. Mesmo que o governo se arruíne, a Happy Science não vai desmoronar. O país pode até submergir no fundo do oceano, mas nossos companheiros que atuam em mais de cem países juraram levar esta luz para o futuro, de modo que não precisamos nos preocupar. No entanto, acredito que o Japão possui grandes responsabilidades e deveres como berço dos ensinamentos da Happy Science. Sinto que é importante que a nação avance tanto quanto possível, pois ela é o centro da fé El Cantare.

Em 2015, eu publiquei no mundo todo o título *As Leis da Justiça*, que, embora seja um número "modesto", marcou meu 2.000º livro. Além disso, apesar de considerar este número insuficiente, até agora já ministrei mais de 2.400 palestras (esse número passou de 2.500 em novembro de 2016). Certamente, o alcance do meu pensamento deixa muito a desejar. Mas minha vontade ardente não diminuiu nem um pouco desde que alcancei a Grande Iluminação há

35 anos, fundei a Happy Science há 30 anos, e registrei a Happy Science como instituição religiosa há 25 anos. Não podemos nos sentir conformados e satisfeitos com esse nível.

Você vai entender o que quero dizer se observar atentamente os ensinamentos que venho pregando desde o início: a criação do universo. Você acha aceitável uma religião capaz de pregar sobre a Criação ser reconhecida apenas como uma das dezenas de milhares de religiões no Japão? Absolutamente não. Com certeza, a Happy Science é uma das organizações religiosas nascidas na era do pós-guerra que conseguiu alcançar certo tamanho. Creio que estamos a um passo de adquirir reconhecimento.

O ano de 2016 não apenas marcou o 35º ano desde a Grande Iluminação e o 30º ano desde a fundação da Happy Science. De acordo com o calendário lunar, 2016 é considerado um ano de revolução[1]. Assim, quem iniciará a revolução, a não sermos nós?

Chegou a hora de usarmos a força que acumulamos como grupo durante trinta anos e girarmos a Roda do Darma cada vez mais forte no Japão e no mundo para que as pessoas saibam de nossa existência.

---

1. A filosofia do Yin Yang (passivo–ativo), unida aos Cinco Elementos (metal, madeira, água, fogo e terra) da cosmologia chinesa, diz que 2016 foi o ano do Macaco do Fogo Ativo que aparece uma vez a cada sessenta anos, e acredita-se ser um ano de revolução. (N. do A.)

A autoridade para mudar este planeta nos foi concedida pelo alto Mundo Celestial

Talvez as pessoas que leem os livros da Happy Science como mera prática de leitura o façam apenas para obter conhecimento para si. Mas, se você aceitar aquilo que está escrito literalmente, verá que todas as religiões – inclusive o judaísmo, o cristianismo, o budismo, o islamismo e o xintoísmo japonês – serão absorvidas pelo movimento da Happy Science. São ensinamentos dessa magnitude. E sinto que a hora da comprovação, quando será constatado se isso é verdade ou não, está se aproximando.

Nós definitivamente não estabelecemos este movimento para obter poder ou fama. Não estamos fazendo isso para buscar o respeito de muitas pessoas. A revolução que almejamos não é violenta, como era frequente antigamente, mas uma *Revolução da Felicidade*. Só depois de termos levado felicidade a muitas pessoas é que poderemos dizer que conseguimos verdadeiramente corrigir a sociedade e transformar o mundo.

A Happy Science enfrenta hoje desafios em diversos campos. Em qualquer um deles, ainda estamos muito longe do destino final. Mas, por fim, chegará o dia em que a maior parte da humanidade compreenderá o significado do dia da palestra que originou este capítulo. Se o mundo perceber quem ministrou esta palestra no Makuhari Messe, no Japão, acreditar nessa pessoa e para quem esta palestra se dirigiu, até o papa terá de tirar sua mitra. Eu gostaria de deixar claro que já alcançamos este estágio.

A Happy Science talvez ainda não tenha o poder de mudar o mundo. No entanto, foi-nos concedida a autoridade para mudá-lo, e essa permissão veio de um mundo elevado e distante.

No livro do Gênesis do Antigo Testamento está escrito que Deus separou o Céu e a Terra. E que o nome Dele é El. "El" de "El Cantare". Muitas pessoas não entendem o que isso realmente significa. Mas, à medida que o tempo passar, sua grandeza se tornará mais clara.

2
O que é preciso para viver em "um mundo no qual podemos acreditar"?

As Leis do Ser que tem guiado a humanidade desde a Criação

Publiquei o livro *As Leis da Justiça* em 2016 como parte da *Série Leis*. Ele se tornou uma grande bússola, uma força que guiou o Japão naquele ano. Será que há mais alguém no mundo capaz de pregar sobre as *leis da justiça*? O primeiro-ministro japonês é capaz de pregar? E o presidente do Supremo Tribunal? E o secretário-geral das Nações Unidas? Ou então o papa ou dalai-lama? Quem seria capaz de pregar?

Há apenas uma pessoa capaz de fazer isso. Eu estou pregando o que o mundo precisa agora, ou seja, ensinamentos que mostrem *o que é o correto*. Não é algo que possa ser ensinado por meio dos estudos acadêmicos ou das experiências de trabalho deste mundo, acumulados ao longo de muitos anos. Esta é uma Lei capaz de ser pregada apenas pelo Ser que vem guiando a humanidade por milhares de anos, dezenas de milhares ou até mais, a partir do alto Mundo Celestial. Não digo isso por vaidade, mas sim por ser a verdade.

No mundo de hoje, muitas confusões ocorrem entre as religiões, algumas delas com características de guerras religiosas. Em outros locais, há o confronto entre a religião, de um lado, e o materialismo e o ateísmo do outro. Não há outro momento tão importante quanto o atual para mostrar o que é a verdade.

Claro, isso não significa necessariamente que eu aprovo os conflitos e as guerras, mas se eles estão ocorrendo porque as pessoas não sabem o que é o correto, estou convicto de que meu trabalho é ensiná-lo. Imagine que um Ser, que vem guiando a humanidade desde o início do Céu e da Terra, indique à humanidade como deve pensar sobre determinado problema ou que direção deve seguir. Se todos concordarem com essa orientação, o que pode acontecer? Nesse momento, os conflitos mundanos e frívolos irão desaparecer do planeta.

Agora é o momento de mostrarmos o significado espiritual do *poder da iluminação*. Esse poder está além da retidão dos estudos acadêmicos e das pesquisas deste mundo. Ele ultrapassa os métodos científicos e jornalísticos baseados nos princípios modernos, que consistem em questionar ao máximo e admitir como verdade o que restou no final, aquilo do que não se pode duvidar. É importante que muitas pessoas saibam que existe uma retidão de um nível maior, que vem de dimensões superiores.

Nesse sentido, não basta que o conteúdo desta palestra seja compreendido apenas pelas pessoas que assistiram a ela no dia, seja no auditório ou por transmissão televisionada. Apesar de ter havido algumas horas de atraso, ela foi exibida também no exterior, em algumas centenas de localidades. Assim, na verdade, esta palestra "Para um mundo no qual podemos acreditar" deveria ter sido dada em inglês. No entanto, se escolhi proferi-la em japonês significa que há um trabalho muito importante para os fiéis japoneses.

Não devemos julgar tudo com base somente na perspectiva deste mundo

Na hora de estabelecer as *leis da justiça*, é preciso haver um motivo. Por que é necessário pregá-las? Para construir um *mundo no qual podemos acreditar*. Nós temos o direito de viver em um lugar assim. Não seria muito triste se só pudéssemos acreditar em coisas que podemos ver, tocar e que estão relacionadas com o corpo físico?

Além disso, há muitos grupos que assumem a forma de uma religião, mas se esqueceram da sua verdadeira missão. Por exemplo, os conflitos que envolvem os muçulmanos abrigam um problema muito difícil.

Talvez aqueles que têm o apoio de boa parte da população do globo possam acabar com a guerra com a ajuda de bombardeios feitos pelos países desenvolvidos. No entanto, embora esses sejam países cristãos, não seguem os ensinamentos de Cristo. Eles atacam com base apenas nas regras criadas pelo ser humano que vive neste mundo. Do outro lado estão os povos que sofrem esses ataques, que são os fiéis do islamismo. Bombas e mísseis caem sobre aqueles que oram para Alá.

O ser humano deve tentar imaginar de que maneira Deus veria esta situação. Antes disso, porém, há um pré-requisito que devo dizer: não julgue tudo com base somente na perspectiva deste planeta. Este é um valor que está sendo esquecido por religiões de praticamente todas as partes, porque este mundo tornou-se um lugar conveniente demais; começamos a ter abundância de tudo, e mesmo as nações cristãs estão enfatizando mais as descobertas materialistas, as ciências, os estudos práticos e as teorias do trabalho do que a fé, que está sendo relegada apenas às igrejas.

As religiões são restritas pelo tempo e pela região onde foram fundadas

Por outro lado, os muçulmanos ainda hoje continuam a se engajar em estilos primitivos de combate, à semelhança do fundador Maomé e de seus sucessores, que lutaram para estabelecer o islamismo. Será que eles não deveriam reconsiderar qual é o propósito deles?

De fato, quando Moisés conduziu o Êxodo e chegou a Canaã, muitas lutas foram travadas. Quando Jesus atuou na terra onde agora é Israel, muito sangue foi derramado. Roma também vivenciou muitas batalhas. O islamismo teve início seiscentos anos depois do cristianismo, e foi uma época marcada também por intensas lutas entre integrantes de uma mesma tribo. Quando apareciam novas religiões, os deuses antigos eram destruídos. Ocorreram diversos eventos dessa natureza e, olhando apenas pela perspectiva terrena, talvez seja inevitável surgirem pessoas que achem ser mais felizes se não acreditarem em nenhuma religião. Mas ouso dizer o seguinte: essas religiões pregaram seus ensinamentos há 3.000, 2.500, 2.000 e 1.400 anos[2]. Existiram, sem dúvida, indivíduos que conseguiam ouvir a voz de Deus, mas não devemos esquecer que eles interpretaram essa voz do seu próprio ponto de vista.

Cada um deles escutou os ensinamentos de Deus como profeta ou messias de um reino ou uma tribo, e os propagou de acordo com seus interesses, ou seja, em prol dos povos que guiavam. Dessa forma, esses ensinamentos se restringiam à época e à região em que foram pregados.

Contudo, depois que as populações cresceram, as viagens se tornaram mais intensas e a comunicação alcançou o outro lado do planeta, começaram a surgir mal-entendidos. As pessoas jamais iriam imaginar que Deus pregaria ensinamentos apenas para seu clã, seu povo ou seu grupo étnico. Por isso, quando surgem afirmações do tipo: "Tenha apenas a mim como Deus" ou "Tenha fé somente no Deus da nossa tribo", muitos interpretam equivocadamente como: "Apenas o Deus que guia minha tribo, que guia meu grupo étnico é verdadeiro. Portanto, negue todos os demais deuses, pois são falsos".

---

2. Datas que se referem ao judaísmo (3.000 anos), ao budismo (2.500 anos), ao cristianismo (2.000 anos) e ao islamismo (1.400 anos).

O pensamento demoníaco que obstrui o futuro da Tailândia

Não podemos perder de vista a *restrição da era e da região* em que os ensinamentos foram pregados.

Buda Shakyamuni, por exemplo, pregou seus ensinamentos na Índia de 2.500 a 2.600 anos atrás. Ele começou a pregar no Nepal e conduziu o trabalho missionário centrado no curso médio do rio Ganges. Na época, seu grupo religioso atingiu apenas um tamanho médio, pois o alcance de sua difusão era limitado pela distância que podia andar. Por isso, Buda treinou seus discípulos e os enviou para diversos lugares, mas deles não se teve mais notícias e, se haviam perdido a vida, não se soube onde. Foi assim o trabalho missionário dos discípulos de Buda.

Mais de 2.000 anos se passaram desde então, e parte dos ensinamentos de Buda chegou ao Japão. Entretanto, infelizmente creio que você não sabe de que forma Ele pregou no início, pois o que se vê atualmente parece uma casca vazia.

Por outro lado, países como o Sri Lanka e a Tailândia ainda preservam os preceitos do budismo teravada, ou Pequeno Veículo, que afirmam seguir fielmente os ensinamentos originais de Buda. E a Tailândia, em particular, vem mantendo sua independência. Por isso, suas tradições religiosas também têm sido preservadas rigorosamente. Tentei, por duas vezes, ir à Tailândia para ministrar minhas palestras. Infelizmente, ambas as tentativas fracassaram[3].

Meus livros também foram traduzidos para o tailandês, mas a população local mostrou-se descontente com o título *O renascimento de Buda*[4].

Essa reação se deve ao seguinte entendimento da escola teravada: o budismo tem as doutrinas básicas "Nada é permanente", "Ausência de ego em todos os fenômenos" e a "Tranquilidade perfeita do nirvana". Esta escola prega que o último desses três preceitos significa que, uma vez que alcançou a iluminação, Buda eliminou as amarras mundanas, retornou para o nirvana e nunca mais voltará para este planeta. Por isso é que os tailandeses ficaram contrariados com a ideia do renascimento de Buda.

No entanto, quando realizei uma palestra no Sri Lanka, outro país que segue o budismo teravada, assim como a Tailândia, perguntei aos cingaleses: "Quem ficará contente se Buda nunca mais retornar a este mundo? Se o fato de Buda alcançar a iluminação significar que Ele nunca mais vai voltar ao plano terreno, ou seja, que nunca mais vai guiar os seres

---

3. Estava previsto que eu realizaria uma palestra em setembro de 2011 e outra em novembro de 2013, mas ambos os eventos foram cancelados devido a motivos relacionados ao mundo espiritual da Tailândia. Para mais detalhes, ver *Hikaku Shūkyo-gaku kara Mita Kōfuku no Kagaku-gaku Nyūmon* ("Introdução ao Estudo sobre a Happy Science da Perspectiva da Religião Comparada", Tóquio: IRH Press, 2014) (N. do A.)
4. Lançado inicialmente pela Editora Bestseller.

humanos da Terra, quem vai ficar contente com isso? Não são os demônios? Quem é que interpretou os ensinamentos de Buda dessa forma? Pensem bem".

Então, 9 mil das 13 mil pessoas presentes no auditório tornaram-se fiéis da Happy Science[5]. Isso ocorreu porque eu expliquei que não desejar o retorno de Buda é um pensamento do demônio.

É claro que alcançar a iluminação, desprender-se dos apegos e se tornar livre é exatamente o que Buda pregou. Ao retornarmos para o mundo espiritual ficaremos livres, desprendendo-nos das amarras do corpo físico. Tudo o que você terá são seus pensamentos, e as tomadas de decisão serão suas ações. Buda pregou que essa completa liberdade é o estado da iluminação.

No entanto, será que as pessoas pensam que, ao alcançar o nirvana, Buda ficou confinado em uma caverna de alguma montanha sombria, apenas trancado e imóvel? Isso seria um mal-entendido vergonhoso. Não há como isso ser verdade. É o mesmo que estar numa caverna profunda do inferno.

Se Buda não consegue sair do nirvana para salvar as pessoas na Terra que estão pedindo socorro, não podemos chamar esse estado de iluminação. Algo estaria muito errado; isso seria materialismo e uma

---

5. Ver *Okawa Ryuho, Sri Lanka Junshaku no Kiseki* ("Os passos da viagem missionária de Ryuho Okawa no Sri Lanka", Tóquio: IRH Press, 2012).

visão equivocada da religião. Se os tailandeses não superarem essa barreira, certamente o futuro da Tailândia ficará comprometido.

3

A fé é algo que você deve receber e sentir de corpo e alma

Batalhas contra o materialismo e o ateísmo no âmbito dos estudos acadêmicos

No primeiro capítulo do livro *As Leis da Justiça* apresentei o conteúdo do filme *Deus Não Está Morto*[6], que retratava o seguinte: em certo curso de filosofia de uma universidade americana, um país cristão, os alunos deveriam escrever que "Deus está morto" em um papel e assiná-lo; caso contrário, seriam reprovados no curso. Isso comprometeria a obtenção de créditos, o desempenho e, consequentemente, o sucesso futuro dos estudantes. Nessa hora, um estudante cristão se opôs ao método do professor, recusando-se a escrever que Deus está morto,

---

6. O filme americano *God's Not Dead*, lançado em março de 2014, foi exibido no Brasil em agosto desse mesmo ano com o título *Deus Não Está Morto*.

o que iniciou um debate entre os dois. Este é o enredo do filme, mas provavelmente reflete a realidade atual do meio acadêmico nos Estados Unidos.

No campo da ciência, em particular, estão ocorrendo muitas coisas que colocam em cheque os ensinamentos cristãos. O doutor Stephen Hawking, por exemplo, físico teórico e cosmólogo, nega a existência de Deus dizendo que não acredita que Ele tenha criado o universo.

Além disso, o biólogo evolutivo Richard Dawkins disse que a verdadeira natureza da alma é o DNA; que ele é passado de pai para filho, de filho para neto, e que esse processo contínuo do DNA é o próprio ciclo reencarnatório da alma. Essas afirmações são tolas e ridículas demais; porém, nas universidades, se você não acredita nisso e suas respostas não estão de acordo com essas premissas, não poderá se formar como um estudante excelente nem conseguir um bom emprego. Mesmo nos países cristãos, esta constitui a principal tendência hoje, e por isso vemos o surgimento de lutas em diversos lugares.

Com certeza, os professores dizem aos estudantes que não há problema crer em Deus na igreja ou em casa, mas que essa fé não deve ser levada para a universidade, pois não se pode comprová-la. Então, eles pedem que os alunos assinem um papel negando a existência de Deus para poderem ensinar o agnosticismo ou ateísmo. Como a maioria dos filósofos hoje são ateus, creio que eles fazem essa exigência para poderem ensinar suas matérias ateístas.

No entanto, tirar uma nota A sendo obrigado a se submeter a essa imposição só para poder entrar em uma boa universidade, em uma boa empresa, conseguir realizar um bom casamento e ter uma boa família; será que é desse jeito que um indivíduo vai conquistar a felicidade definitiva? Pode-se dizer que uma pessoa é realmente feliz vivendo de forma que contraria a Verdade? Se um professor se tornou tão arrogante a ponto de negar a existência de Deus, com certeza sua maneira de viver e as matérias que ele ensina não merecem respeito. Mesmo que seja uma universidade de primeira categoria, que ocupe uma posição de grande prestígio, o que está errado está errado. Mentira é mentira. Eu afirmo que existe um limite a partir do qual um assunto não pode ser ensinado.

Tudo ocorre na grande palma da mão de Deus ou de Buda

Esse equívoco não significa que a fé seja algo atrasado e que o estudo acadêmico seja avançado. O estudo acadêmico pode ser visto como uma ativação de uma parte do cérebro para pensar, mas a fé é algo que recebemos e sentimos usando o corpo e a alma inteiros. O corpo, a alma e o espírito ficam ativos para receber, sentir. Isso é fé. É por isso que a fé é sublime. Saiba que a fé pode incorporar o estudo acadêmico como uma parte sua, mas não pode existir como uma pequena parte dentro dos estudos acadêmicos. Se você acha que a religião é uma mera atividade prática pesquisada pelo estudo religioso, considerando este um pequeno campo dentro de inúmeros campos acadêmicos, está completamente enganado. Tudo não passa de eventos que ocorrem na grande palma da mão de Deus ou de Buda.

A fé engloba tudo, inclusive a Terra, o sistema solar, nossa galáxia via láctea e inúmeras outras galáxias distantes, as infindáveis civilizações que repetem o ciclo de ascensão e decadência nessas galáxias, todos os seres animados que vivem nessas civilizações e até mesmo o que eles criam e pensam. Com certeza essa realidade envolve questões ainda mais difíceis do que a comprovação do mundo espiritual.

Além disso, a Happy Science realiza, de diversas formas, mensagens e leituras espirituais dos alienígenas[7]. Às vezes, surgem histórias de um passado remoto, da ordem de centenas de milhões de anos atrás, de uma época em que o ser alienígena em questão ainda não tinha vindo à Terra. Esses ensinamentos de

---

7. Ver *Uchû no Hô Nyûmon* ("Introdução às Leis do Universo", Tóquio: IRH Press, 2010) e *Uchûjin Reading* ("Leitura Alienígena", Tóquio: IRH Press, 2010). (N. do A.)

compreensão mais difícil encontram-se reunidos em livros e vídeos, disponíveis apenas como material interno da Happy Science[8].

Sem dúvida, esses registros serão os primeiros livros-textos para estudar o universo na sociedade futura. No nível atual, em que só conseguimos descobrir o espaço lançando foguetes, será extremamente difícil elucidar os mistérios do Grande Universo. Por isso, estou pregando ensinamentos que remetem à época da criação do universo. Talvez os seres humanos precisem de cinquenta ou cem anos para comprovar, mesmo que em parte, o que estou pregando. Para fazê-lo por completo serão necessários mais de mil anos. Ou seja, também estou pregando agora leis para serem deixadas às pessoas que viverão daqui a mil anos. Naturalmente, há partes que as pessoas da era moderna não serão capazes de entender, mas há outras que elas irão compreender e que irão ecoar no seu coração. Da mesma forma, saiba que, entre essas partes que ultrapassam a compreensão atual, há conteúdos muito importantes para as pessoas do futuro. Eu gostaria que você desejasse intensamente no seu coração que irá transmitir esses ensinamentos dando-lhes bastante valor em prol das futuras gerações.

---

8. De acordo com as investigações espirituais da Happy Science, constatou-se que o ciclo reencarnatório da alma do ser humano não se limita à Terra. Quando o mestre Okawa realizou leituras de algumas almas fazendo-as regredir a um passado mais distante, a uma época em que a Terra era inabitável, descobriu-se que muitas delas já existiam antes, e reencarnavam em outros planetas. (N. do T.)

4

Almeje o destino final, que é crer por completo

O Deus que guia a humanidade está vivo neste momento

Contemplando o mundo agora, percebe-se que não há nenhuma outra religião tão ativa quanto a Happy Science. Ela não só é ativa, como também, em termos de conteúdo, ultrapassa a gênese da Bíblia e as religiões antigas da Mesopotâmia. Além disso, nossos ensinamentos estão revelando histórias mais longínquas que as antigas alegorias do budismo e a mitologia grega, e também indicando o futuro distante da humanidade. Portanto, nossa bússola não é um instrumento pequeno que só aponta para as coisas imediatas. Claro, sou muito grato pelos avanços da civilização, já que possibilitaram que minha palestra fosse transmitida para o mundo todo a partir do Japão. Mas, sendo abençoados por essa circunstância, não teríamos de provocar milagres que superassem aqueles que ocorreram na época de Moisés, Buda, Jesus Cristo ou Maomé?

Venho dando palestras sobre diversos temas, mesclando temas de grande importância com outros mais simples, há 35 anos, desde que alcancei a Grande Iluminação. E para você também chegou o ponto em que precisa começar a se engajar na sua verdadeira missão.

Não se acomode em ter apenas uma pequena fé para si. Já terminou a fase em que bastava atuar nas atividades dentro de uma pequena organização. A partir de 2017, engaje-se neste movimento visando atuar em escala mundial. Para isso, o importante é, como diz o título deste capítulo, deixar ocorrer a transição do "mundo no qual não podemos acreditar" para o "mundo no qual podemos acreditar".

Do ponto de vista da medicina moderna, a maioria das religiões pende para o "mundo no qual não podemos acreditar". Para a medicina, as doenças não se curam, os seres humanos adoecem, morrem e os milagres não acontecem. Esta é a visão comum adotada pelos livros-textos da medicina. Porém, apesar desse senso comum, muitos milagres estão ocorrendo agora mesmo nos ambientes que rodeiam a Happy Science.

Há pessoas, por exemplo, que assistiram a uma palestra minha ao vivo e vivenciaram o milagre da cura de doenças complicadas ou fatais. Esses mesmos milagres estão se realizando em auditórios que receberam a transmissão dessas palestras via satélite.

Há até relatos de pessoas que perceberam uma mudança no próprio corpo só de receberem o panfleto para assistir a uma palestra da Happy Science, ou de milagres que ocorreram só de assistirem a um filme da Happy Science.

Saiba que uma enorme força está atuando nos bastidores. Deus não está morto. Deus está vivo. Ele está vivo e está trabalhando agora. Ele surgiu diante de você agora e o está guiando.

Ryuho Okawa assumiu a forma de um ser humano, mas, por favor, não se esqueça de que eu represento um dos aspectos de Deus.

O amor mais sagrado é o de transmitir a Verdade

Seja qual for a opressão que venha sobre mim, jamais vou distorcer minha convicção e me render. A Verdade é a Verdade; o que é do bem é do bem; e o que é correto é correto. Se o senso comum estiver errado, apenas vamos destruí-lo. E quando vamos fazer isso? Neste ano? No ano que vem? Daqui a cinco anos? Daqui a dez anos? Ou só depois de morrer? Não é hora de pensar em quando fazer. É preciso que cada pessoa acenda a chama dentro do seu coração. Você tem o trabalho de erguer essa tocha e avançar escuridão adentro.

Você recebeu uma luz dentro de si. A luz que recebeu de mim com certeza foi acesa. Guie-se por essa tocha e apenas avance pela escuridão da noite. Não há fim para o seu trabalho enquanto não iluminar toda a escuridão do mundo.

• As leis da missão •

Não se esqueça dos ensinamentos que encontrou aqui. Ainda ficarei por um tempo com você aqui no mundo terreno, iluminando-o e girando a Roda do Darma. As leis que prego sãos as *Leis da Eternidade* que jamais devem perecer, mesmo passados 500 anos, 1.000 anos, 2.000 anos e até 3.000 anos. Por favor, encrave no coração o orgulho de quem ouviu essas Leis da Eternidade e desbrave o caminho na sua vida cotidiana.

E transmita a Verdade que você compreendeu para as pessoas ao seu redor, para aquelas que sua mão alcança, que sua voz alcança. Transmita tudo. Isso é amor. O amor mais sagrado que você pode dar é transmitir a Verdade.

No mundo, há pessoas morrendo de fome, sofrendo de doenças e de diversas atribulações. No entanto, a existência desses sofrimentos, dificuldades e reveses não significa que Deus não existe. Justamente porque muitas pessoas vivem em meio a dificuldades é que Deus é necessário. E Deus realmente existe.

Por favor, retorne ao seu ponto de partida e comece pelo ato de acreditar. O ponto inicial é *crer* e o destino final, *crer por completo*.

Comece acreditando e termine acreditando por completo. Neste mundo, o que significa crer completamente? Mostre isso com seus pensamentos, suas palavras e suas ações. Esse é o questionamento que deixo a você neste capítulo.

Mensagem a você 5
Quando rompemos a parede, tudo se torna luz

Enquanto não estabelecermos a Justiça de Deus
E construirmos uma verdadeira nação religiosa,
Nossa luta não terá fim.
Ó jovens que conduzirão o século XXI,
Por favor, sigam-nos!
Contamos com vocês!
Logo romperemos a parede.

Para perfurar uma montanha
É necessário escavar túneis.
Durante a construção do túnel,
Aqueles que o escavam
Não sabem o quanto seus trabalhos
Estão gerando frutos.
Pode parecer até mesmo
Que estão realizando um trabalho inútil.
Mas, assim que a montanha for perfurada
E atravessada pelo túnel,
Todo o esforço que até então parecia ser em vão
Se transformará em luz.

Extraída da palestra "A luz que salva a Terra".

Posfácio

As Leis da Missão são as *leis do milagre* para se viver a era do coração.

Estas Leis estão repletas de *misericórdia*, ainda que fundamentadas na *sabedoria*.

Como é difícil dizer às pessoas cujos olhos enxergam: "Você não está vendo o mundo da verdade".

Como é difícil dizer, às pessoas que acreditam que vão chegar à verdade pelo constante ceticismo, estas poucas palavras: "Salte o abismo".

Como é difícil falar sobre o *mundo da ideia* e o *mundo da fé* àqueles que acreditam que somente aquilo que pode ser comprovado cientificamente constitui um estudo acadêmico genuíno.

Como é difícil dizer e transmitir o fato de que eu sou o Salvador.

Ryuho Okawa
Dezembro de 2016

Sobre o autor

O mestre Ryuho Okawa começou a receber mensagens de grandes personalidades da história – Jesus, Buda e outros seres celestiais – em 1981. Esses seres sagrados vieram com mensagens apaixonadas e urgentes, rogando que ele transmitisse às pessoas na Terra a sabedoria divina deles. Assim se revelou o chamado para que ele se tornasse um líder espiritual e inspirasse pessoas no mundo todo com as Verdades espirituais sobre a origem da humanidade e sobre a alma, por tanto tempo ocultas. Esses diálogos desvendaram os mistérios do Céu e do Inferno e se tornaram a base sobre a qual o mestre Okawa construiu sua filosofia espiritual. À medida que sua consciência espiritual se aprofundou, ele compreendeu que essa sabedoria continha o poder de ajudar a humanidade a superar conflitos religiosos e culturais e conduzi-la a uma era de paz e harmonia na Terra.

Pouco antes de completar 30 anos, o mestre Okawa deixou de lado uma promissora carreira de negócios para se dedicar totalmente à publicação das mensagens que recebeu do Mundo Celestial. Desde então, já publicou mais de 2.100 livros, tornando-se um autor de grande sucesso no Japão e no mundo. A universalidade da sabedoria que ele compartilha, a profundidade de sua filosofia religiosa e espiritual e a clareza e compaixão de suas mensagens continuam a atrair milhões de leitores. Além de seu trabalho contínuo como escritor, o mestre Okawa dá palestras públicas pelo mundo todo.

• Sobre o autor •

Transmissão de palestras em mais de 3.500 locais ao redor do mundo

Desde a fundação da Happy Science, em 1986, o mestre Ryuho Okawa proferiu mais de 2.500 palestras. Esta foto é do Evento de Celebração da Palestra da Descida do Senhor, realizada na Super Arena Saitama, no Japão, em 8 de julho de 2014. Na palestra intitulada "A Grande Estratégia para a Prosperidade", o mestre ensinou que não devemos nos apoiar num grande governo e que, caso surja um país ambicioso, devemos mostrar ao seu povo qual é o caminho correto. Ele também ensina que é importante construir um futuro de paz e prosperidade com os esforços e a perseverança de cada indivíduo independente. Mais de 17 mil pessoas compareceram ao estádio principal e o evento foi também transmitido ao vivo para mais de 3.500 locais ao redor do mundo.

Mais de 2 mil livros publicados

Os livros do mestre Ryuho Okawa foram traduzidos em 28 línguas e vêm sendo cada vez mais lidos no mundo inteiro. Em 2010, ele recebeu menção no livro *Guinness World Records* por ter publicado 52 livros em um ano. Ao longo de 2013, publicou 106 livros. Até dezembro de 2016, o número de livros lançados pelo mestre Okawa passou de 2.100.

Entre eles, há também muitas mensagens de espíritos de grandes figuras históricas e de espíritos guardiões de importantes personalidades que vivem no mundo atual.

Sobre a Happy Science

Em 1986, o mestre Ryuho Okawa fundou a Happy Science, um movimento espiritual empenhado em levar mais felicidade à humanidade pela superação de barreiras raciais, religiosas e culturais, e pelo trabalho rumo ao ideal de um mundo unido em paz e harmonia. Apoiada por seguidores que vivem de acordo com as palavras de iluminada sabedoria do mestre Okawa, a Happy Science tem crescido rapidamente desde sua fundação no Japão e hoje conta com mais de 20 milhões de membros em todo o globo, com templos locais em Nova York, Los Angeles, São Francisco, Tóquio, Londres, Paris, Düsseldorf, Sydney, São Paulo e Seul, dentre as principais cidades. Semanalmente o mestre Okawa ensina nos Templos da Happy Science e viaja pelo mundo dando palestras abertas ao público.

    A Happy Science possui vários programas e serviços de apoio às comunidades locais e pessoas necessitadas, como programas educacionais pré e pós-escolares para jovens e serviços para idosos e pessoas com necessidades especiais. Os membros também participam de atividades sociais e beneficentes, que no passado incluíram ajuda humanitária às vítimas de terremotos na China e no Japão, levantamento de fundos para uma escola na Índia e doação de mosquiteiros para hospitais em Uganda.

Programas e Eventos

Os templos locais da Happy Science oferecem regularmente eventos, programas e seminários. Junte-se às nossas sessões de meditação, assista às nossas palestras, participe dos grupos de estudo, seminários e eventos literários. Nossos programas ajudarão você a:
- aprofundar sua compreensão do propósito e significado da vida;
- melhorar seus relacionamentos conforme você aprende a amar incondicionalmente;
- aprender a tranquilizar a mente mesmo em dias estressantes, pela prática da contemplação e da meditação;
- aprender a superar os desafios da vida e muito mais.

Seminários Internacionais

Anualmente, amigos do mundo inteiro comparecem aos nossos seminários internacionais, que ocorrem em nossos templos no Japão. Todo ano são oferecidos programas diferentes sobre diversos tópicos, entre eles como melhorar relacionamentos praticando os Oito Corretos Caminhos para a Iluminação e como amar a si mesmo.

Contatos

BRASIL	www.happyscience.com.br

SÃO PAULO (Matriz)	R. Domingos de Morais 1154, Vila Mariana, São Paulo, SP, CEP 04010-100 55-11-5088-3800, sp@happy-science.org
Zona Sul	R. Domingos de Morais 1154, 1º and., Vila Mariana, São Paulo, SP, CEP 04010-100 55-11-5088-3800, sp_sul@happy-science.org
Zona Leste	R. Fernão Tavares 124, Tatuapé, São Paulo, SP, CEP 03306-030, 55-11-2295-8500, sp_leste@happy-science.org
Zona Oeste	R. Grauçá 77, Vila Sônia, São Paulo, SP, CEP 05626-020, 55-11-3061-5400, sp_oeste@happy-science.org
CAMPINAS	Rua Joana de Gusmão 187, Jardim Guanabara, Campinas, SP, CEP 13073-370 55-19-3255-3346
CAPÃO BONITO	Rua Benjamin Constant 205, Centro, Capão Bonito, SP, CEP 18300-020, 55-15-3542-5576
JUNDIAÍ	Rua Congo 447, Jd. Bonfiglioli, Jundiaí, SP, CEP 13207-340, 55-11-4587-5952, jundiai@happy-science.org
LONDRINA	Rua Piauí 399, 1º and., sala 103, Centro, Londrina, PR, CEP 86010-420, 55-43-3322-9073
SANTOS	Rua Júlio Conceição 94, Vila Mathias, Santos, SP, CEP 11015-540, 55-13-3219-4600, santos@happy-science.org

• As leis da missão •

SOROCABA	Rua Dr. Álvaro Soares 195, sala 3, Centro, Sorocaba, SP, CEP 18010-190 55-15-3359-1601, sorocaba@happy-science.org
RIO DE JANEIRO	Largo do Machado 21, sala 607, Catete, Rio de Janeiro, RJ, CEP 22221-020 55-21-3243-1475, riodejaneiro@happy-science.org
INTERNACIONAL	www. happyscience.org

ÁFRICA

ACRA (Gana)	28 Samora Machel Street, Asylum Down, Acra, Gana, 233-30703-1610, ghana@happy-science.org
DURBAN (África do Sul)	55 Cowey Road, Durban 4001, África do Sul 031-2071217 031-2076765, southafrica@happy-science.org
KAMPALA (Uganda)	Plot 17 Old Kampala Road, Kampala, Uganda P.O. Box 34130, 256-78-4728601 uganda@happy-science.org, www.happyscience-uganda.org
LAGOS (Nigéria)	1st Floor, 2A Makinde Street, Alausa, Ikeja, Off Awolowo Way, Ikeja-Lagos State, Nigéria, 234-805580-2790, nigeria@happy-science.org

AMÉRICA

FLÓRIDA (EUA)	12208 N 56th St., Temple Terrace, Flórida, EUA 33617, 813-914-7771 813-914-7710, florida@happy-science.org

• CONTATOS •

HONOLULU (EUA)	1221 Kapiolani Blvd, Suite 920, Honolulu, Havaí, 96814, EUA, 1-808-591-9772, 1-808-591-9776, hi@happy-science.org, www.happyscience-hi.org
LIMA (Peru)	Av. Angamos Oeste 354, Miraflores, Lima, Peru, 51-1-9872-2600, peru@happy-science.org, www.happyscience.jp/sp
LOS ANGELES (EUA)	1590 East Del Mar Blvd., Pasadena, CA 91106, EUA, 1-626-395-7775, 1-626-395-7776, la@happy-science.org, www.happyscience-la.org
MÉXICO	Av. Insurgentes Sur 1443, Col. Insurgentes Mixcoac, México 03920, D.F. mexico@happy-science.org, www.happyscience.jp/sp
NOVA YORK (EUA)	79 Franklin Street, Nova York 10013, EUA, 1-212-343-7972, 1-212-343-7973, ny@happy-science.org, www.happyscience-ny.org
SÃO FRANCISCO (EUA)	525 Clinton St., Redwood City, CA 94062, EUA 1-650-363-2777, sf@happy-science.org, www.happyscience-sf.org
TORONTO (Canadá)	323 College St., Toronto, ON, Canadá M5T 1S2, 1-416-901-3747, toronto@happy-science.org

ÁSIA

BANCOC (Tailândia)	Entre Soi 26-28, 710/4 Sukhumvit Rd., Klongton, Klongtoey, Bancoc 10110 66-2-258-5750, 66-2-258-5749, bangkok@happy-science.org

CINGAPURA	190 Middle Road #16-05, Fortune Centre, Cingapura 188979, 65 6837 0777/ 6837 0771 65 6837 0772, singapore@happy-science.org
COLOMBO (Sri Lanka)	Nº 53, Ananda Kumaraswamy Mawatha, Colombo 7, Sri Lanka, 94-011-257-3739, srilanka@happy-science.org
HONG KONG (China)	Unit A, 3/F-A Redana Centre, 25 Yiu Wa Street, Causeway Bay, 85-2-2891-1963, hongkong@happy-science.org
KATMANDU (Nepal)	Kathmandu Metropolitan City, Ward No-9, Gaushala, Surya, Bikram Gynwali Marga, House Nº 1941, Katmandu, 977-0144-71506, nepal@happy-science.org
MANILA (Filipinas)	Gold Loop Tower A 701, Escriva Drive Ortigas Center Pasig, City 1605, Metro Manila, Filipinas, 094727 84413, philippines@happy-science.org
NOVA DÉLI (Índia)	314-319, Aggarwal Square Plaza, Plot-8, Pocket-7, Sector-12, Dwarka, Nova Déli-7S, Índia 91-11-4511-8226, newdelhi@happy-science.org
SEUL (Coreia do Sul)	162-17 Sadang3-dong, Dongjak-gu, Seul, Coreia do Sul, 82-2-3478-8777 82-2-3478-9777, korea@happy-science.org
TAIPÉ (Taiwan)	Nº 89, Lane 155, Dunhua N. Rd., Songshan District, Cidade de Taipé 105, Taiwan, 886-2-2719-9377, 886-2-2719-5570, taiwan@happy-science.org
TÓQUIO (Japão)	6F 1-6-7 Togoshi, Shinagawa, Tóquio, 142-0041, Japão, 03-6384-5770, 03-6384-5776, tokyo@happy-science.org, www.happy-science.jp

• CONTATOS •

EUROPA

DÜSSELDORF (Alemanha)	Klosterstr. 112, 40211 Düsseldorf, Alemanha web: http://hs-d.de/ 49-211-93652470, 49-211-93652471, germany@happy-science.org
FINLÂNDIA	finland@happy-science.org
LONDRES (GBR)	3 Margaret Street, London W1W 8RE, Grã-Bretanha, 44-20-7323-9255 44-20-7323-9344, eu@happy-science.org, www.happyscience-eu.org
PARIS (França)	56, rue Fondary 75015 Paris, França 33-9-5040-1110 33-9-55401110 france@happy-science.org, www.happyscience-fr.org
VIENA (Áustria)	Zentagasse 40-42/1/1b, 1050, Viena, Áustria/EU 43-1-9455604, austria-vienna@happy-science.org

OCEANIA

AUCKLAND (Nova Zelândia)	409A Manukau Road, Epsom 1023, Auckland, Nova Zelândia 64-9-6305677, 64-9-6305676, newzealand@happy-science.org
SYDNEY (Austrália)	Suite 17, 71-77 Penshurst Street, Willoughby, NSW 2068, Austrália, 61-2-9967-0766 61-2-9967-0866, sydney@happy-science.org

Partido da Realização da Felicidade

O Partido da Realização da Felicidade (PRF) foi fundado no Japão em maio de 2009 pelo mestre Ryuho Okawa, como parte do Grupo Happy Science, para oferecer soluções concretas e práticas a assuntos atuais, como as ameaças militares da Coreia do Norte e da China e a recessão econômica de longo prazo. O PRF objetiva implementar reformas radicais no governo japonês, a fim de levar paz e prosperidade ao Japão. Para isso, o PRF propõe duas medidas principais:

1. Fortalecer a segurança nacional e a aliança Japão-EUA, que tem papel vital para a estabilidade da Ásia.
2. Melhorar a economia japonesa implementando cortes drásticos de impostos, adotando medidas monetárias facilitadoras e criando novos grandes setores.

O PRF defende que o Japão deve oferecer um modelo de nação religiosa que permita a coexistência de valores e crenças diversos, e que contribua para a paz global.

Para mais informações, visite en.hr-party.jp

Universidade Happy Science

O espírito fundador e a meta da educação

Com base na filosofia fundadora da universidade, que é de "Busca da felicidade e criação de uma nova civilização", são oferecidos educação, pesquisa e estudos para ajudar os estudantes a adquirirem profunda compreensão, assentada na crença religiosa, e uma expertise avançada, para com isso produzir "grandes talentos de virtude" que possam contribuir de maneira abrangente para servir o Japão e a comunidade internacional.

Visão geral das faculdades e departamentos
– Faculdade de Felicidade Humana, Departamento de Felicidade Humana

Nesta faculdade, os estudantes examinam as ciências humanas sob vários pontos de vista, com uma abordagem multidisciplinar, a fim de poder explorar e vislumbrar um estado ideal dos seres humanos e da sociedade.

– Faculdade de Administração de Sucesso, Departamento de Administração de Sucesso

Esta faculdade tem por objetivo tratar da administração de sucesso, ajudando entidades organizacionais de todo tipo a criar valor e riqueza para a sociedade e contribuir para a felicidade e o desenvolvimento da administração e dos empregados, assim como da sociedade como um todo.

– Faculdade da Indústria Futura, Departamento de Tecnologia Industrial

O objetivo desta faculdade é formar engenheiros capazes de resolver várias das questões enfrentadas pela civilização moderna, do ponto de vista tecnológico, contribuindo para criar novos setores no futuro.

Academia Happy Science
Escola Secundária de Primeiro e Segundo Grau

A Academia Happy Science de Primeiro e Segundo Grau é uma escola em período integral fundada com o objetivo de educar os futuros líderes do mundo para que tenham uma visão ampla, perseverem e assumam novos desafios. Hoje há dois *campi* no Japão: o Campus Sede de Nasu, na província de Tochigi, fundado em 2010, e o Campus Kansai, na província de Shiga, fundado em 2013.

Filmes da Happy Science

O mestre Okawa é criador e produtor executivo de dez filmes, que receberam vários prêmios e reconhecimento ao redor do mundo.

Títulos dos filmes:

- As Terríveis Revelações de Nostradamus (1994)
- Hermes – Ventos do Amor (1997)
- As Leis do Sol (2000)
- As Leis Douradas (2003)
- As Leis da Eternidade (2006)
- O Renascimento de Buda (2009)
- O Julgamento Final (2012)
- As Leis Místicas (2012)
- As Leis do Universo (2015)
- Estou Bem, Meu Anjo (2016)

As Leis Místicas

Vencedor do "**Prêmio Remi Especial do Júri 2013**" para Produções Teatrais no Festival de Cinema Internacional WorldFest de Houston

• FILMES DA HAPPY SCIENCE •

Outros Prêmios recebidos por *As Leis Místicas*:
- Festival de Cinema Internacional de Palm Beach (indicado entre os Melhores da Seleção Oficial)
- Festival de Cinema Asiático de Dallas, Seleção Oficial
- 4º Festival Anual Proctors de Animação, Seleção Oficial
- Festival Europa de Filmes Budistas, Seleção Oficial
- Festival do Filme Japonês de Hamburgo, Seleção Oficial
- MONSTRA – Festival de Animação de Lisboa, Seleção Oficial

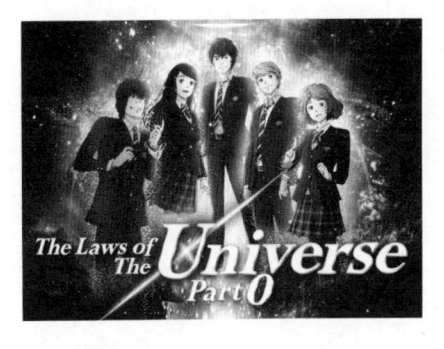

As Leis do Universo (Parte 0)

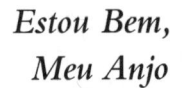

Estou Bem, Meu Anjo

Outros livros de Ryuho Okawa

SÉRIE LEIS

As Leis do Sol
A Gênese e o Plano de Deus
IRH Press do Brasil

Neste livro poderoso, Ryuho Okawa revela a natureza transcendental da consciência e os segredos do nosso universo multidimensional, bem como o lugar que ocupamos nele. Ao compreender as leis naturais que regem o universo, e desenvolver sabedoria pela reflexão com base nos Oito Corretos Caminhos ensinados no budismo, o autor tem como acelerar nosso eterno processo de desenvolvimento e ascensão espiritual. Também indica o caminho para se chegar à verdadeira felicidade. Edição revista e ampliada.

As Leis Douradas
O Caminho para um Despertar Espiritual
Editora Best Seller

Ao longo da história, os Grandes Espíritos Guias de Luz, como Buda Shakyamuni, Jesus Cristo, Krishna e Maomé, têm estado presentes na Terra, em momentos cruciais da história humana, para cuidar do nosso desenvolvimento espiritual. Este livro traz a visão do Supremo Espírito que rege o Grupo Espiritual da Terra, El Cantare, revelando como o plano de Deus tem sido concretizado ao longo do tempo. Depende de todos nós vencer o desafio, trabalhando juntos para ampliar a Luz.

As Leis Místicas
Transcendendo as Dimensões Espirituais
IRH Press do Brasil

A humanidade está entrando numa nova era de despertar espiritual graças a um grandioso plano, estabelecido há mais de 150 anos pelos Espíritos Superiores. Aqui são esclarecidas questões sobre espiritualidade, ocultismo, misticismo, hermetismo, possessões e fenômenos místicos, canalizações, comunicações espirituais e milagres que não foram ensinados nas escolas nem nas religiões. Você compreenderá o verdadeiro significado da vida na Terra, fortalecerá sua fé e religiosidade, despertando o poder de superar seus limites e até manifestar milagres por meio de fenômenos sobrenaturais.

As Leis da Imortalidade
O Despertar Espiritual para uma Nova Era Espacial
IRH Press do Brasil

Milagres ocorrem de fato o tempo todo à nossa volta. Aqui, o mestre Okawa revela as verdades sobre os fenômenos espirituais e ensina que as leis espirituais eternas realmente existem, e como elas

• Outros livros de Ryuho Okawa •

moldam o nosso planeta e os mundos além deste que conhecemos. Milagres e ocorrências espirituais dependem não só do Mundo Celestial, mas sobretudo de cada um de nós e do poder contido em nosso interior – o poder da fé.

As Leis da Salvação
Fé e a Sociedade Futura
IRH Press do Brasil

O livro analisa o tema da fé e traz explicações relevantes para qualquer pessoa, pois ajudam a elucidar os mecanismos da vida e o que ocorre depois dela, permitindo que os seres humanos adquiram maior grau de compreensão, progresso e felicidade. Também aborda questões importantes, como a verdadeira natureza do homem enquanto ser espiritual, a necessidade da religião, a existência do bem e do mal, o papel das escolhas, a possibilidade do apocalipse, como seguir o caminho da fé e ter esperança no futuro, entre outros temas.

As Leis da Eternidade
A Revelação dos Segredos das Dimensões Espirituais do Universo
Editora Cultrix

Cada uma de nossas vidas é parte de uma série de vidas cuja realidade se assenta no outro mundo espiritual. Neste livro esclarecedor, Ryuho Okawa revela os aspectos multidimensionais do Outro Mundo, descrevendo suas dimensões, características e as leis que o governam. Ele também explica por que é essencial para nós compreendermos a estrutura e a história do mundo espiritual, e percebermos a razão de nossa vida – como parte da preparação para a Era Dourada que está por se iniciar.

As Leis da Felicidade
Os Quatro Princípios para uma Vida Bem-Sucedida
Editora Cultrix

Este livro é uma introdução básica aos ensinamentos de Ryuho Okawa, ilustrando o cerne de sua filosofia. O autor ensina que, se as pessoas conseguem dominar os Princípios da Felicidade – Amor, Conhecimento, Reflexão e Desenvolvimento –, elas podem fazer sua vida brilhar, tanto neste mundo como no outro, pois esses princípios são os recursos para escapar do sofrimento e que conduzem as pessoas à verdadeira felicidade.

As Leis da Sabedoria
Faça Seu Diamante Interior Brilhar
IRH Press do Brasil

Neste livro, Okawa descreve, sob diversas óticas, a sabedoria que devemos adquirir na vida. Apresenta valiosos conceitos sobre o modo de viver, dicas para produção intelectual e os segredos da boa gestão empresarial. Depois da morte, a única coisa que o ser humano pode levar de volta consigo para o outro mundo

• Outros livros de Ryuho Okawa •

é seu "coração". E dentro dele reside a "sabedoria", a parte que preserva o brilho de um diamante. A Iluminação na vida moderna é um processo diversificado e complexo. No entanto, o mais importante é jogar um raio de luz sobre seu modo de vida e, com seus próprios esforços, produzir magníficos cristais durante sua preciosa passagem pela Terra.

As Leis da Justiça
Como Resolver os Conflitos Mundiais e Alcançar a Paz
IRH Press do Brasil

O autor afirma: "Com este livro, fui além do âmbito de um trabalho acadêmico. Em outras palavras, assumi o desafio de colocar as revelações de Deus como um tema de estudo acadêmico. Busquei formular uma imagem de como a justiça deveria ser neste mundo, vista da perspectiva de Deus ou de Buda. Para isso, fui além do conhecimento acadêmico de destacados estudiosos do Japão e do mundo, assim como do saber de primeiros-ministros e presidentes. Alguns de meus leitores sentirão nestas palavras a presença de Deus no nível global".

As Leis do Futuro
Os Sinais da Nova Era
IRH Press do Brasil

O futuro está em suas mãos. O destino não é algo imutável e pode ser alterado por seus pensamentos e suas escolhas. Tudo depende de seu despertar interior, pois só assim é possível criar um futuro brilhante. Podemos encontrar o Caminho da Vitória usando a força do pensamento para obter sucesso na vida material e espiritual. O desânimo e o fracasso são coisas que não existem de fato: não passam de lições para o nosso aprimoramento nesta escola chamada Terra. Ao ler este livro, a esperança renascerá em seu coração e você cruzará o portal para a nova era.

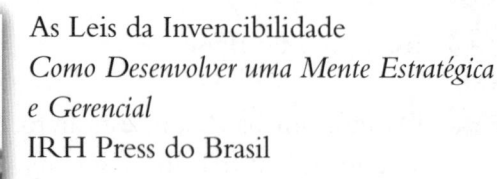

As Leis da Invencibilidade
Como Desenvolver uma Mente Estratégica e Gerencial
IRH Press do Brasil

O autor desenvolveu uma filosofia sobre a felicidade que se estende ao longo desta vida e prossegue na vida após a morte. Seus fundamentos são os mesmos do budismo, que diz que o estado mental que mantivermos nesta vida irá determinar nosso destino no outro mundo. Ryuho Okawa afirma: "Desejo fervorosamente que todas as pessoas alcancem a verdadeira felicidade neste mundo e que ela persista na vida após a morte. Um intenso sentimento meu está contido na palavra 'invencibilidade'. Espero que este livro dê coragem e sabedoria àqueles que o leem hoje e às pessoas das gerações futuras."

• Outros livros de Ryuho Okawa •

As Leis da Perseverança
Como Romper os Dogmas da Sociedade e Superar as Fases Difíceis da Vida
IRH Press do Brasil

Ao ler este livro, você compreenderá que pode mudar sua maneira de pensar e assim vencer os obstáculos que os dogmas e o senso comum da sociedade colocam em nosso caminho, apoiando-se numa força que o ajudará a superar as provações: a perseverança. Nem sempre o caminho mais fácil é o correto e o mais sábio. Aqui, o mestre Okawa compartilha seus segredos no uso da perseverança e do esforço para fortalecer sua mente, superar suas limitações e resistir ao longo do caminho que o conduzirá a uma vitória infalível.

Série Entrevistas Espirituais

Mensagens do Céu
Revelações de Jesus, Buda, Moisés e Maomé para o Mundo Moderno
IRH Press do Brasil

Ryuho Okawa compartilha as mensagens desses quatro espíritos, recebidas por comunicação espiritual, e o que eles desejam que as pessoas da presente época saibam. Jesus envia mensagens de amor, fé e perdão; Buda ensina sobre o "eu" interior, perseverança, sucesso e iluminação na vida terrena; Moisés explora o sentido da retidão, do pecado e da justiça; e Maomé trata de questões sobre a tolerância, a fé e os milagres. Você compreenderá como esses líderes religiosos influenciaram a humanidade ao expor sua visão a respeito das Verdades Universais e por que cada um deles era um mensageiro de Deus empenhado em guiar as pessoas.

A Última Mensagem de Nelson Mandela para o Mundo
Uma Conversa com Madiba Seis Horas Após Sua Morte
IRH Press do Brasil

A Série Entrevistas Espirituais apresenta mensagens recebidas de espíritos famosos e revolucionários da história da humanidade e também de espíritos guardiões de pessoas ainda encarnadas que estão influenciando o mundo contemporâneo. Nelson Mandela, conhecido como Madiba, veio até o mestre Okawa seis horas após seu falecimento e transmitiu sua última mensagem de amor e justiça para todos, antes de retornar ao Mundo Espiritual. Porém, a revelação mais surpreendente deste livro é que Mandela é um Grande Anjo de Luz, trazido a este mundo para promover a justiça divina, e que, no passado remoto, foi um grande herói da Bíblia.

• OUTROS LIVROS DE RYUHO OKAWA •

A Verdade sobre o Massacre de Nanquim
Revelações de Iris Chang
IRH Press do Brasil

Iris Chang, jornalista norte-americana de ascendência chinesa, ganhou notoriedade após lançar, em 1997, *O Estupro de Nanquim*, em que denuncia as atrocidades cometidas pelo Exército Imperial Japonês durante a Guerra Sino-Japonesa, em 1938-39. Foi a partir da publicação da obra que a expressão "Massacre de Nanquim" passou a ser conhecida e recentemente voltou à tona, espalhando-se depressa dos Estados Unidos para o mundo. Atualmente, porém, essas afirmações vêm sendo questionadas. Para esclarecer o assunto, Okawa invocou o espírito da jornalista dez anos após sua morte e revela, aqui, o estado de Chang à época de sua morte e a grande possibilidade de uma conspiração por trás de seu livro.

Mensagens de Jesus Cristo
A Ressurreição do Amor
Editora Cultrix

Assim como muitos outros Espíritos Superiores, Jesus Cristo tem transmitido diversas mensagens espirituais ao mestre Okawa, cujo objetivo é orientar a humanidade e despertá-la para uma nova era de espiritualidade.

Walt Disney
Os Segredos da Magia que Encanta as Pessoas
IRH Press do Brasil

Walt Disney foi o criador de Mickey Mouse e fundador do império conhecido como Disney World; lançou diversos desenhos animados que obtiveram reconhecimento global e, graças à sua atuação diversificada, estabeleceu uma base sólida para os vários empreendimentos de entretenimento. Nesta entrevista espiritual, ele nos revela os segredos do sucesso que o consagrou como um dos mais bem-sucedidos empresários da área de entretenimento do mundo contemporâneo.

O Próximo Grande Despertar
Um Renascimento Espiritual
IRH Press do Brasil

Esta obra traz revelações surpreendentes, que podem desafiar suas crenças. São mensagens transmitidas pelos Espíritos Superiores ao mestre Okawa, para que você compreenda a verdade sobre o que chamamos de "realidade". Se você ainda não está convencido de que há muito mais coisas do que aquilo que podemos ver, ouvir, tocar e experimentar; se você ainda não está certo de que os Espíritos Superiores, os Anjos da Guarda e os alienígenas existem aqui na Terra, então leia este livro.

• Outros livros de Ryuho Okawa •

Série Autoajuda

THINK BIG – Pense Grande
O Poder para Criar o Seu Futuro
IRH Press do Brasil

Tudo na vida das pessoas manifesta-se de acordo com o pensamento que elas mantêm diariamente em seu coração. A ação começa dentro da mente. A capacidade de criar de cada pessoa limita-se à sua capacidade de pensar. Ao conhecermos a Verdade sobre o poder do pensamento, teremos em nossas mãos o poder da prosperidade, da felicidade, da saúde e da liberdade de seguir nossos rumos, independentemente das coisas que nos prendem a este mundo material. Com este livro, você aprenderá o verdadeiro significado do Pensamento Positivo e como usá-lo de forma efetiva para concretizar seus sonhos. Leia e descubra como ser positivo, corajoso e realizar seus sonhos.

Estou Bem!
7 Passos para uma Vida Feliz
IRH Press do Brasil

Diferentemente dos textos de autoajuda escritos no Ocidente, este livro traz filosofias universais que irão atender às necessidades de qualquer pessoa. Um tesouro repleto de reflexões que transcendem as diferenças culturais, geográficas, religiosas e raciais. É uma fonte de inspiração e transformação que dá instruções concretas para uma vida feliz. Seguindo os passos deste livro, você poderá dizer: "Estou bem!" com convicção e um sorriso amplo, onde quer que esteja e diante de qualquer circunstância que a vida lhe apresente.

Pensamento Vencedor
Estratégia para Transformar o Fracasso em Sucesso
Editora Cultrix

A vida pode ser comparada à construção de um túnel, pois muitas vezes temos a impressão de ter pela frente como obstáculo uma rocha sólida. O pensamento vencedor opera como uma poderosa broca, capaz de perfurar essa rocha. Quando praticamos esse tipo de pensamento, nunca nos sentimos derrotados em nossa vida. Esse pensamento baseia-se nos ensinamentos de reflexão e desenvolvimento necessários para superar as dificuldades da vida e obter prosperidade. Ao ler, saborear e estudar a filosofia contida neste livro e colocá-la em prática, você será capaz de declarar que não existe essa coisa chamada derrota – só existe o sucesso.

Mude Sua Vida, Mude o Mundo
Um Guia Espiritual para Viver Agora
IRH Press do Brasil

Este livro é uma mensagem de esperança, que contém a solução para o estado de crise

• Outros livros de Ryuho Okawa •

em que nos encontramos hoje, quando a guerra, o terrorismo e os desastres econômicos provocam dor e sofrimento por todos os continentes. É um chamado para nos fazer despertar para a Verdade de nossa ascendência, para que todos nós, como irmãos, possamos reconstruir o planeta e transformá-lo numa terra de paz, prosperidade e felicidade.

A Mente Inabalável
Como Superar as Dificuldades da Vida
IRH Press do Brasil

Muitas vezes somos incapazes de lidar com os obstáculos da vida, sejam eles problemas pessoais ou profissionais, tragédias inesperadas ou dificuldades que nos acompanham há tempos. Para o autor, a melhor solução para tais situações é ter uma mente inabalável. Neste livro, ele descreve maneiras de adquirir confiança em si mesmo e alcançar o crescimento espiritual, adotando como base uma perspectiva espiritual.

Trabalho e Amor
Como Construir uma Carreira Brilhante
IRH Press do Brasil

O sucesso no trabalho pode trazer muita alegria. Mas só encontramos verdadeiro prazer ao cumprir nossa vocação com paixão e propósito – então, nosso sucesso é abençoado de verdade.

Quando cumprimos nossa vocação, conseguimos superar todos os obstáculos, pois sabemos que nosso trabalho confere valor à vida dos outros e traz sentido e satisfação para a nossa vida. Aqui, Okawa introduz 10 princípios para você desenvolver sua vocação e conferir valor, propósito e uma devoção de coração ao trabalho com o qual sempre sonhou. Você irá descobrir princípios que propiciam: trabalho de alto nível; avanço na carreira; atitude mental voltada para o desenvolvimento e a liderança; poder do descanso e do relaxamento; liberação do verdadeiro potencial; saúde e vitalidade duradouras.

Série Felicidade

O Caminho da Felicidade
Torne-se um Anjo na Terra
IRH Press do Brasil

Aqui se encontra a íntegra dos ensinamentos das Verdades espirituais transmitidas por Ryuho Okawa e que serve de introdução aos que buscam o aperfeiçoamento espiritual. Okawa apresenta "Verdades Universais" que podem transformar sua vida e conduzi-lo para o caminho da felicidade. A sabedoria contida neste livro é intensa e profunda, porém simples, e pode ajudar a humanidade a alcançar uma era de paz e harmonia na Terra.

• Outros livros de Ryuho Okawa •

Manifesto do Partido da Realização da Felicidade
Um Projeto para o Futuro de uma Nação
IRH Press do Brasil

Nesta obra, o autor declara: "Devemos mobilizar o potencial das pessoas que reconhecem a existência de Deus e de Buda, além de acreditar na Verdade, e trabalhar para construir uma utopia mundial. Devemos fazer do Japão o ponto de partida de nossas atividades políticas e causar impacto no mundo todo". Iremos nos afastar das forças políticas que trazem infelicidade à humanidade, criar um terreno sólido para a verdade e, com base nela, administrar o Estado e conduzir a política do país.

Ame, Nutra e Perdoe
Um Guia Capaz de Iluminar Sua Vida
IRH Press do Brasil

O autor traz uma filosofia de vida na qual revela os segredos para o crescimento espiritual através dos Estágios do amor. Cada estágio representa um nível de elevação no desenvolvimento espiritual. O objetivo do aprimoramento da alma humana na Terra é progredir por esses estágios e desenvolver uma nova visão do maior poder espiritual concedido aos seres humanos: o amor.

A Essência de Buda
O Caminho da Iluminação e da Espiritualidade Superior
IRH Press do Brasil

Este guia mostra como viver com um verdadeiro propósito. Traz uma visão contemporânea do caminho que vai muito além do budismo, para orientar os que estão em busca da iluminação e da espiritualidade. Você descobrirá que os fundamentos espiritualistas, tão difundidos hoje, na verdade foram ensinados por Buda Shakyamuni e fazem parte do budismo, como os Oito Corretos Caminhos, as Seis Perfeições e a Lei de Causa e Efeito, o Vazio, o Carma e a Reencarnação, entre outros.

Convite à Felicidade
7 Inspirações do Seu Anjo Interior
IRH Press do Brasil

Este livro convida você a ter uma vida mais autêntica e satisfatória. Em suas páginas, você vai encontrar métodos práticos que o ajudarão a criar novos hábitos e levar uma vida mais despreocupada, completa e espiritualizada. Por meio de 7 inspirações, você será guiado até o anjo que existe em seu interior – a força que o ajuda a obter coragem e inspiração e ser verdadeiro consigo mesmo. Você vai compreender qual é a base necessária para viver com mais confiança, tranquilidade e sabedoria:

• Outros livros de Ryuho Okawa •

- exercícios de meditação, reflexão e concentração respiratória fáceis de usar;
- visualizações orientadas para criar uma vida melhor e obter paz em seu coração;
- espaços para você anotar as inspirações recebidas do seu anjo interior;
- dicas para compreender como fazer a contemplação;
- planos de ação simples, explicados passo a passo.

As Chaves da Felicidade
Os 10 Princípios para Manifestar a Sua Natureza Divina
Editora Cultrix

Neste livro, o mestre Okawa mostra de forma simples e prática como podemos desenvolver nossa vida de forma brilhante e feliz neste mundo e no outro. O autor ensina os 10 princípios básicos – Felicidade, Amor, Coração, Iluminação, Desenvolvimento, Conhecimento, Utopia, Salvação, Reflexão e Oração – que servem de bússola para nosso crescimento espiritual e felicidade.

O Ponto de Partida da Felicidade
Um Guia Prático e Intuitivo para Descobrir o Amor, a Sabedoria e a Fé
Editora Cultrix

Neste livro, Okawa ilustra como podemos obter a felicidade e levar a vida com um propósito. Como seres humanos, viemos a este mundo sem nada e sem nada o deixaremos. Podemos nos dedicar à aquisição de propriedades e bens materiais ou buscar o verdadeiro caminho da felicidade – construído com o amor que dá, que acolhe a luz. Okawa nos mostra como alcançar a felicidade e ter uma vida plena de sentido.

Curando a Si Mesmo
A Verdadeira Relação entre Corpo e Espírito
Editora Cultrix

O autor revela as verdadeiras causas das doenças e os remédios para várias delas, que a medicina moderna ainda não consegue curar, oferecendo não apenas conselhos espirituais, mas também de natureza prática. Seguindo os passos aqui sugeridos, sua vida mudará completamente e você descobrirá a verdade sobre a mente e o corpo. Este livro contém revelações sobre o funcionamento da possessão espiritual e como podemos nos livrar dela; mostra os segredos do funcionamento da alma e como o corpo humano está ligado ao plano espiritual.